알기 쉬운 일본어 문법

백동선 지음

신아사

머리말

요즘에는 문형을 중심으로 풀어나가는 문법서를 많이 찾아볼 수 있다. 실용성에 가치를 둔 저술이라고 할 수 있다. 그러나 문법은 역시 문법 개념을 확실히 정립해두지 않으면 숲을 보지 못하는 우를 범할 수 있다.

본서에서는 문법에 대한 기본 개념의 학습과 문형을 통한 실력 다지기를 시도하였다. 문법에 대한 전체적인 숲을 보고 그에 따른 여러 예문을 제시하여 일본어의 각종 문형에 익숙해지도록 하였다.

문법은 품사별로 정리할 필요가 있다. 품사분류에 있어서는 여러 가지의 분류법이 있지만, 여기에서는 일본의 각종 학교에서 가장 널리 사용되는 학교문법을 기준으로 하여 품사각론을 다룬다. 명사, 형용사, 형용동사, 연체사, 동사, 조사, 조동사, 부사, 접속사, 감동사라는 10품사를 기본으로, 명사에는 대명사, 수사, 형식명사를 포함하고, 성격이 비슷한 형용사와 형용동사 및 연체사를 한 묶음으로 다루었다.

본서는 기초일본어를 학습한 사람이 일본어의 기본문법을 정리할 수 있도록 하기 위하여 집필한 것이다. 그러나 일본어를 처음 접하는 사람도 무리 없이 학습할 수 있도록 하기 위하여 문법의 본론에 들어가기 전에 일본의 언어와 문자 및 발음을 먼저 익히도록 하였다. 또한, 학습의 편의를 위하여 예문은 한 줄을 넘어가지 않도록 하였으며 모든 일본어 문장에 한국어 해석을 달았다. 단, 처음 나온 한자어에는 읽기를 달았으나 모든 한자에 읽기를 달지는 않았다. 기본적인 단어는 한자만 보고서도 읽을 줄 알아야 하고 모르는 단어는 사전을 찾으면서 익히는 방법에도 익숙해지도록 하기 위함이다. 그리고 품사분류는 아니지만, 일본어를 구사하는 데에 있어서 필수라고 할 수 있는 경어의 기본을 정리하여 제시하였다. 이렇게 함으로써 일본어의 전체상을 바라볼 수 있게 될 것이다.

이 책에 사용하는 예문은 실제로 현실 생활에서 응용할 수 있는 구문들이다. 그렇다고 해서 항상 기본적인 구문만 제시하지는 않는다. 처음에는 상대적으로 쉬운 문형부터 제시를 하지만 중간 중간에 약간 어려운 단어를 일부러 넣은 경우도 있다. 문법 공부와 더불어 일본어의 어휘력 향상에도 보탬이 되도록 하기 위해서이다.

문법이라는 단어는 왠지 어렵게만 느껴지는 것도 사실이다. 우리가 영어를 공부하면서 영문법에 힘들어 했기 때문일 수도 있다고 생각된다. 그러나 문법이라고 해서 딱딱하게만 생각할 필요는 없다. 기본적인 개념을 정립하고 그것을 잘 활용하면 매우 흥미롭게 접근할 수 있고, 고급 일본어를 구사하는 지름길이 될 수 있다.

특히 일본어를 전문적으로 공부하고자 하는 사람은 일본어문법을 반드시 한번은 읽고 정리해둘 필요가 있다. 그래야만 일본어의 전체상을 바라볼 수 있기 때문이다.

아무쪼록, 이 책을 통하여 일본어에 대한 전체상을 파악하고, 기초적인 문법을 내 것으로 하며 여러 문형을 현실 생활에서 활용하고 응용할 수 있게 되기를 바란다.

2019년 3월 5일

백동선

목차

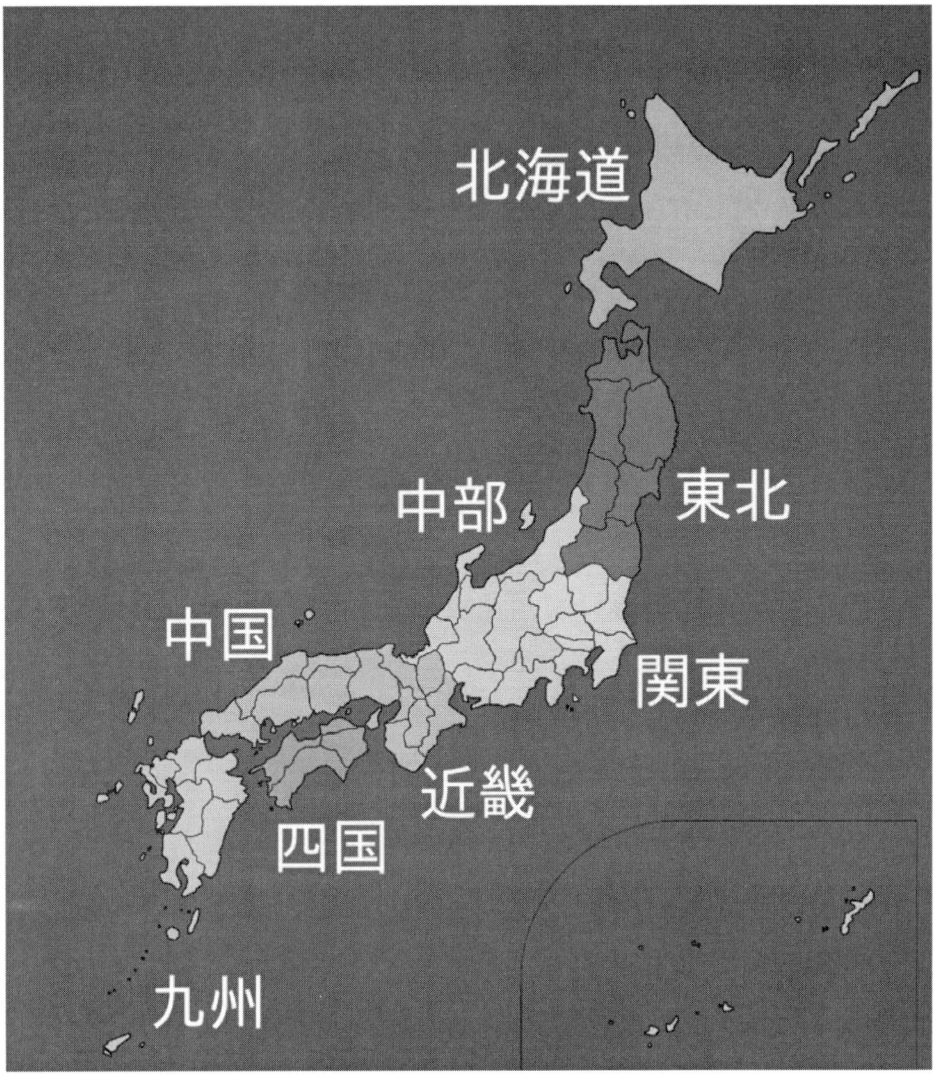

[일본의 지역 구분]

제1장 일본의 언어와 문자

1-1 일본과 일본어

일본어문법을 공부하기 전에 일본과 일본어에 대해 간략하게 보고 가도록 하자. 먼저 일본이라는 나라이다. 일본의 공식명칭은 「일본국」인데 보통 「일본」이라고 한다.

일본은 한국의 동쪽에 위치하고 있다. 북위 20도에서 45도, 동경 122도에서 153도에 자리 잡고 있다. 사면이 바다로 둘러싸인 섬나라이다. 일본은 크게 네 개의 섬으로 되어 있다고들 하는데, 이것은 가장 큰 네 개를 대표적으로 말하는 것이고, 섬 전체의 개수는 7천 개 가까이 된다.

일본은 작은 나라라는 느낌이 들지만, 실제로 일본은 큰 나라이다. 남단에서 북단까지 일본의 남북은 3천 킬로미터나 된다. 국토면적은 37만8천 평방킬로미터로, 세계의 국토면적 랭킹 62위이다. 독일보다 크다.

바다의 면적까지 합하면 일본은 더욱 넓어진다. 일본의 배타적 경제수역은 일본 국토면적의 10배나 되어 세계에서 여섯 번째의 넓이를 가지고 있다. 해안선 길이는 미국보다 길다. 경제적으로도 톱클래스에 랭크되어 있다.

인구 면에서 보면, 일본은 1억3천만 명의 인구를 보유하여 세계 11위이다.

언어를 살펴보자. 지구상에는 많은 언어가 존재한다. 이 중에서 일본어는 1억3천만 명의 언어사용인구를 보유하여 제10위를 점하고 있다. 국가별 인구 순위와 거의 같다고 볼 수 있다.

우리가 공부할 일본어는 전국공통어로서의 일본어이다. 공통어로서의 일본어는 도쿄의 주거지역에 거주하는 교양 있는 일본인들이 사용하는 언어이다.

일본어의 문자 이름은 「가나」라고 한다. 가나는 「히라가나」와 「가타카나」라는 두 가지 종류로 나뉜다. 음가가 같은 문자가 두 종류가 있다는 것이다. 일상적인 문자생활에 있어서는 히라가나가 한자와 섞여서 일반적으로 쓰인다. 가타카나는 외래어를 표기할 때에 주로 쓰인다. 그 밖에 숫자나 로마자 등이 필요에 따라 쓰이게 된다.

일본어의 문자와 발음(発音)은 청음과 탁음, 반탁음, 요음, 촉음, 발음(撥音), 장음 등으로 나뉜다. 문법을 공부하기 전에 다음 과에서 이와 같은 문자와 발음을 먼저 공부하게 된다.

1-2 오십음도

가장 기본적인 문자인 청음은 다음과 같이 주로 표로 나타내는데, 이와 같이 가나를 5자씩 10행으로 구분하여 정리한 것을 「오십음도(五十音図)」라고 한다. 이 표에 나타난 5개의 가로의 줄을 「단(段)」이라고 하며, 10개의 세로의 줄을 「행(行)」이라고 한다. 오십음도는 50개의 글자이어야 하지만, 현대어로 오면서 사용하지 않게 된 글자가 몇 개 있기 때문에, 현대어에서 일반적으로 쓰이는 청음의 수는 히라가나와 가타카나 각각 46자이다.

이 표는 전체적인 틀을 이해하기 위해 제시한 것이니 일단 시각적으로 확인해 두면 된다. 글자 하나하나는 다음 과에서 살펴본다. 일본어의 사전이 이 표의 순서대로 편집되기 때문에 이 표의 순서대로 이해를 하는 것이 좋다. 히라가나를 먼저 익혀야 하며, 가타카나도 물론 익힐 수 있어야 된다.

(1) 히라가나

행/단	あ행	か행	さ행	た행	な행	は행	ま행	や행	ら행	わ행	
あ단	あ	か	さ	た	な	は	ま	や	ら	わ	ん
い단	い	き	し	ち	に	ひ	み		り		
う단	う	く	す	つ	ぬ	ふ	む	ゆ	る		
え단	え	け	せ	て	ね	へ	め		れ		
お단	お	こ	そ	と	の	ほ	も	よ	ろ	を	

(2) 가타카나

행/단	ア행	カ행	サ행	タ행	ナ행	ハ행	マ행	ヤ행	ラ행	ワ행	
ア단	ア	カ	サ	タ	ナ	ハ	マ	ヤ	ラ	ワ	ン
イ단	イ	キ	シ	チ	ニ	ヒ	ミ		リ		
ウ단	ウ	ク	ス	ツ	ヌ	フ	ム	ユ	ル		
エ단	エ	ケ	セ	テ	ネ	ヘ	メ		レ		
オ단	オ	コ	ソ	ト	ノ	ホ	モ	ヨ	ロ	ヲ	

1-3 품사분류

문법 각론에 들어가기에 앞서 먼저 일본어의 품사에 대한 전체적인 숲을 보도록 하자. 품사(品詞)란 문법적 성질에 따라 나누어진 단어의 종류를 말하는데 일본어의 품사를 분류하는 방식에는 여러 가지가 있다. 가장 일반적으로 쓰이고 있는 것은 단어를 기준으로 한 품사를 10가지로 나누는 10품사 분류법이다. 일본의 학교교육에서 주로 사용되기 때문에 학교문법이라고도 한다. 학교문법에서는 품사를 자립어인가 부속어인가, 활용을 하는가 하지 않는가에 따라 다음과 같이 분류한다.

<일본어의 품사분류>

<table>
<tr><td rowspan="11">단 어</td><td>자립여부</td><td>활용여부</td><td>품 사</td></tr>
<tr><td rowspan="8">자립어</td><td rowspan="3">활 용</td><td>동 사</td></tr>
<tr><td>형용사</td></tr>
<tr><td>형용동사</td></tr>
<tr><td rowspan="5">비활용</td><td>명 사</td></tr>
<tr><td>연체사</td></tr>
<tr><td>부 사</td></tr>
<tr><td>접속사</td></tr>
<tr><td>감동사</td></tr>
<tr><td rowspan="2">부속어</td><td>비활용</td><td>조 사</td></tr>
<tr><td>활 용</td><td>조동사</td></tr>
</table>

【단어】

단어(単語)란 언어를 구성하는 단위의 하나로, 문법상의 일정한 뜻과 기능을 가지는 말의 최소단위이다.

【자립어】

자립어(自立語)는 단독으로 문절을 구성할 수 있는 품사로, 활용하는 것과 활용하지 않는 것으로 나뉜다. 활용하는 자립어인 동사, 형용사, 형용동사를 합쳐서 「용언(用言)」이라고도 한다. 활용하지 않는 것 중에서는 명사에 대명사와 수사, 형식명사를 포함하여 「체언(体言)」이라고도 한다. 활용하지 않는 자립어에는 명사 외에 연체사, 부사, 접속사, 감동사가 있다.

【부속어】

부속어(付属語)란 단독으로 문절을 구성할 수 없는 품사이다. 여기에도 활용을 하는 것이 있고 하지 않는 것이 있는데, 조동사는 활용을 하는 부속어이고, 조사는 활용을 하지 않는 부속어이다.

【활용】

활용(活用)이란 어떤 언어의 술어가 되는 품사에 속하는 단어가 어형변화를 하는 것을 말한다. 일본어에서는 동사, 형용사, 형용동사, 조동사가 어형변화, 즉 활용을 한다.

【비활용】

위의 활용하는 품사를 제외한 명사, 연체사, 부사, 접속사, 감동사, 조사는 어형변화를 하지 않는다.

【연용수식형】

동사, 형용사 등 활용을 하는 품사인 용언에 연결되어 그 용언을 수식하는 형태를 연용수식형 또는 연용형이라고 한다. 학교문법의 용어이지만 일본어교육에서도 종종 사용되는 용어이니 이해해 둘 필요가 있다.

【연체수식형】

명사, 대명사, 수사, 형식명사 등의 체언류에 연결되어 그 체언을 수식하는 형태를 연체수식형 또는 연체형이라고 한다.

제2장 글자와 발음 익히기

2-1 청음

문법 각론에 들어가기에 앞서 일본어의 글자와 발음을 익히도록 하자. 먼저 가장 기본적인 오십음도에 나타난 청음(清音)이다.

(1) あ行

あ行은 [아 · 이 · 우 · 에 · 오]에 해당하는 일본어의 모음이다. [う]는 한국어의 [우]에 가깝게 발음이 되는 경우와 [으]에 가깝게 발음되는 경우가 있다.

히라가나	あ a	い i	う u	え e	お o
가타카나	ア	イ	ウ	エ	オ

例) あお（青）: 파랑　　いえ（家）: 집　　うえ（上）: 위
　　え（絵）: 그림　　おい : (남자) 조카　　アイ (eye) : 눈

(2) か行

か行은 단어의 첫머리에 올 때는 [가 · 기 · 구 · 게 · 고]에 가깝게, 그 밖의 경우에는 [까 · 끼 · 꾸 · 께 · 꼬]에 가깝게 발음한다.

히라가나	か ka	き ki	く ku	け ke	こ ko
가타카나	カ	キ	ク	ケ	コ

例) かく（書く）: 쓰다　　きく（聞く）: 듣다　　け（毛）: 털
　　ここ : 여기　　こい（恋）: 사랑　　ココア（cocoa）: 코코아

(3) さ行

さ行 중에서 [す]는 [수]보다는 [스]에 가깝게 발음되는 점에 유의한다. [시]의 로마자 표기는 shi 이다.

히라가나	さ sa	し shi	す su	せ se	そ so
가타카나	サ	シ	ス	セ	ソ

例) さけ（酒）: 술　　しか（鹿）: 사슴　　す（酢）: 식초
　　せき（席）: 자리　　そこ : 거기　　アイス（ice）: 얼음

(4) た行

た行 중에서 「つ」의 모음은 완전히 [으]에 가깝게 발음한다. 「ち」「つ」의 로마자표기 chi 와 tsu 에 유의한다.

히라가나	た ta	ち chi	つ tsu	て te	と to
가타카나	タ	チ	ツ	テ	ト

例）たかい（高い）：비싸다　くち（口）：입　いつ：언제
　　て（手）：손　とし（年）：해　トマト（tomato）：토마토

(5) な行

な行은 한국어의 [나・니・누・네・노]와 거의 비슷하게 발음되기 때문에 익히기에 별 어려움이 없다.

히라가나	な na	に ni	ぬ nu	ね ne	の no
가타카나	ナ	ニ	ヌ	ネ	ノ

例）なに（何）：무엇　にし（西）：서쪽　いぬ（犬）：개
　　ねこ（猫）：고양이　のき（軒）：처마　ネイル（nail）：네일

(6) は行

は行은 [하・히・후・헤・호]와 비슷하게 발음한다. 단,「ふ」는 입술에서 나는 소리이므로 로마자로는 fu 로 표기한다.

히라가나	は ha	ひ hi	ふ fu	へ he	ほ ho
가타카나	ハ	ヒ	フ	ヘ	ホ

例) はな（花）：꽃　　ひと（人）：사람　　ふえ（笛）：피리
　　へそ：배꼽　　ほお（頬）：뺨　　ヘア（hair）：헤어

(7) ま行

ま行의 발음은 한국어의 [마・미・무・메・모]와 거의 비슷하다.

히라가나	ま ma	み mi	む mu	め me	も mo
가타카나	マ	ミ	ム	メ	モ

例) まつ（待つ）：기다리다　　みそ（味噌）：된장　　むね（胸）：가슴
　　め（目）：눈　　もも（桃）：복숭아　　メモ（memo）：메모

(8) や行

や行은 현대어에서 「や, ゆ, よ」만 남아 있다.

히라가나	や ya		ゆ yu		よ yo
가타카나	ヤ		ユ		ヨ

例）やま（山）：산　　　　へや（部屋）：방　ゆき（雪）：눈
　　ゆのみ（湯飲み）：찻잔　よる（夜）：밤　　ユーロ（EURO）：유로

(9) ら行

ら行은 한국어의 [라·리·루·레·로]와 비슷하게 발음한다.

히라가나	ら ra	り ri	る ru	れ re	ろ ro
가타카나	ラ	リ	ル	レ	ロ

例）そら（空）：하늘　　あり：개미　　るす（留守）：부재중
　　れい（例）：예　　いろ（色）：색　　リスト（list）：리스트

(10) わ行

わ行은 현대어에서 두 글자만 남아 있고, 「を」는 「을, 를」에 해당하는 목적격조사로만 사용된다. 받침과 같은 역할을 하는 「ん」을 같이 실었다.

히라가나	わ wa				を wo	ん N
가타카나	ワ				ヲ	ン

例）わたし（私）：저　　ほん（本）：책　　本をかう：책을 사다
　　ワイシャツ（white shirt）：와이셔츠　　ワイン（wine）：와인

2-2 탁음 · 반탁음

【탁음(濁音)】

탁음이란, 청음 「か行 · さ行 · た行 · は行」의 오른쪽 어깨 위에 탁음부호(=탁점 「 ゛ 」)를 붙여서 나타내는 음을 말한다. 탁점을 붙이면 무성음인 「か行 · さ行 · た行 · は行」이 유성음으로 바뀐다.

(1) が行

が行은 무성음 か行에 대응한 유성음이다. 어두의 が行 발음에 특히 주의를 기울여야 한다.

히라가나	が ga	ぎ gi	ぐ gu	げ ge	ご go
가타카나	ガ	ギ	グ	ゲ	ゴ

例) がくしゅう (学習) : 학습　ぎむ (義務) : 의무　かぐ (家具) : 가구
げんかん (玄関) : 현관　ごご (午後) : 오후　ゲスト (guest) : 게스트

(2) ざ行

ざ行은 さ行의 유성음이다. 이 중에서 「じ」를 제외한 「ざ · ず · ぜ · ぞ」의 자음은 한국어에 없는 [z] 발음이므로 특히 주의하도록 한다. 「じ」는 입천장에서 나는 소리이므로 ji 로 표기한다.

히라가나	ざ za	じ ji	ず zu	ぜ ze	ぞ zo
가타카나	ザ	ジ	ズ	ゼ	ゾ

例) ひざ : 무릎　　じしょ (辞書) : 사전　すず : 방울
かぜ (風) : 바람　ぞう (象) : 코끼리　ズボン (프 jupon) : 바지

(3) だ行

だ行은 무성음 た行에 대응한 유성음이다. だ行 중에서, 「ぢ」「づ」는 ざ行의 「じ」「ず」와 발음이 같고, 로마자표기도 같다.

히라가나	だ da	ぢ ji	づ zu	で de	ど do
가타카나	ダ	ヂ	ヅ	デ	ド

例) だいこん (大根) : 무　ちぢむ (縮む) : 줄다　つづみ : 장구
うで (腕) : 팔　あまど (雨戸) : 덧문　ドア (door) : 문

(4) ば行

ば行은 무성음 は行에 대응한 유성음이다. 단, は行은 목구멍에서 내는 소리인데 비하여, ば行은 입술에서 내는 소리이다.

히라가나	ば ba	び bi	ぶ bu	べ be	ぼ bo
가타카나	バ	ビ	ブ	ベ	ボ

例) ばあい (場合) : 경우　びぼう (美貌) : 미모　こんぶ : 다시마
　　なべ : 냄비　とんぼ : 잠자리　ビタミン(vitamin) : 비타민

【반탁음(半濁音)】

반탁음이란, は行의 오른쪽 어깨 위에 반탁음부호(「 ° 」)를 붙여서 나타내는 음으로, 반탁음은 이 ぱ行만 있다. ぱ行은 한자어에서 주로 나타나며 고유일본어의 경우는 의성어와 의태어에서 주로 나타난다. 물론, 외래어에서도 많이 볼 수 있다.

히라가나	ぱ pa	ぴ pi	ぷ pu	ぺ pe	ぽ po
가타카나	パ	ピ	プ	ペ	ポ

例) ぱちぱち : 짝짝　ぴかぴか : 반짝반짝
　　せんぷうき (扇風機) : 선풍기　ぺらぺら : 술술
　　ぽかぽか : 따뜻한 모양　パン (포르투갈어) : 빵

2-3 요음

요음(拗音)이란, い段에 반모음의 역할을 하는 「や・ゆ・よ」를 작게 써서 한 음절로 발음하는 글자와 음을 말한다.

(1) 청음(清音)

kya	kyu	kyo
きゃ　キャ	きゅ　キュ	きょ　キョ

例) きゃくしつ（客室）: 객실　きゅうけい（休憩）: 휴식
きょり（距離）: 거리　キャラクター（character）: 캐릭터

sha	shu	sho
しゃ　シャ	しゅ　シュ	しょ　ショ

例) しゃしん（写真）: 사진　しゅみ（趣味）: 취미
しょうか（消化）: 소화　ショールーム（showroom）: 쇼룸

cha	chu	cho
ちゃ　チャ	ちゅ　チュ	ちょ　チョ

例) おちゃ（お茶）: 차　ちゅうぼう（厨房）: 주방
ちょうじょう（頂上）: 정상　チョコレート（chocolate）: 초콜릿

nya	nyu	nyo
にゃ　ニャ	にゅ　ニュ	にょ　ニョ

例）にゅうか（入荷）：입하　　にゅうきょ（入居）：입주
　　にょうぼう（女房）：마누라　　ニュース（news）：뉴스

hya	hyu	hyo
ひゃ　ヒャ	ひゅ　ヒュ	ひょ　ヒョ

例）ひゃくてん（百点）：백점　　ひょうか（評価）：평가
　　ひょうてん（氷点）：빙점　　ヒューマニスト（humanist）：휴머니스트

mya	myu	myo
みゃ　ミャ	みゅ　ミュ	みょ　ミョ

例）さんみゃく（山脈）：산맥　　みょうあん（妙案）：묘안
　　びみょう（微妙）：미묘　　ミュージシャン（musician）：음악가

rya	ryu	ryo
りゃ　リャ	りゅ　リュ	りょ　リョ

例）しょうりゃく（省略）：생략　　りゅうつう（流通）：유통
　　しりょう（資料）：자료　　ボリューム（volume）：볼륨

(2) 탁음(濁音)・반탁음(半濁音)

gya	gyu	gyo
ぎゃ　ギャ	ぎゅ　ギュ	ぎょ　ギョ

例) ぎゃく（逆）：반대　　ぎゅうにく（牛肉）：소고기

ぎょぎょう（漁業）：어업　　ギャンブラー（gambler）：갬블러

ja	ju	jo
じゃ　ジャ	じゅ　ジュ	じょ　ジョ

例) じゃり：자갈　　じゅりつ（樹立）：수립

やきゅうじょう（野球場）：야구장　　ジャーナル（journal）：저널

bya	byu	byo
びゃ　ビャ	びゅ　ビュ	びょ　ビョ

例) さんびゃく（三百）：삼백　　がびょう：압정

びょう（秒）：초　　デビュー（프 debut）：데뷔

pya	pyu	pyo
ぴゃ　ピャ	ぴゅ　ピュ	ぴょ　ピョ

例) ぴょいと：훌쩍, 깡충　　ぴょんと：깡충

ねんぴょう（年表）：연표　　ピュアー（pure）：순수함

2-4 촉음 · 발음 · 장음

【촉음(促音)】

촉음이란 「つ」를 다른 글자 다음에 작게 써서 표기하는 것으로, 발음은 다음에 오는 음에 따라 다르게 된다. 이 촉음은 외래어 등의 독특한 경우를 제외하고는 일반적으로 「か・さ・た・ぱ」行의 앞에서만 나타나게 되며, 이 경우, 발음은 뒤에 오는 음과 같은 자음이 된다.

(1) [k] 음 앞에서 [k]

例) きっかけ : kikkake (계기)　　がっき : gakki (학기)
しっけ : shikke (습기)　　いっこ : ikko (한 개)

(2) [s] 음 앞에서 [s]

例) いっさい : issai (일체)　　ぐっすり : gussuri (푹)
けっせき : kesseki (결석)　　ざっそう : zassou (잡초)

(3) [t] 음 앞에서 [t]

例) せったい : settai (접대)　　あさって : asatte (모레)
きっと : kitto (꼭)　　ねっとり : nettori (끈적끈적)

(4) [p] 음 앞에서 [p]

例) しょっぱい : shoppai (짜다)　　さっぱり : sappari (산뜻이)
ショップ : shoppu (샵)　　コップ : koppu (컵, 네덜란드어)

【발음(撥音)】

발음(撥音)이란 「ん」을 말한다. 「ん」은 받침과 같은 역할을 하며, 다른 가나와 마찬가지로 한 박자분의 음성적 길이를 갖는다. 「ん」은 그 다음에 오는 음에 따라 다음의 네 가지로 발음(発音)된다.

(1) 「ま・ば・ぱ」 行 앞에서 : 「m」

例) あんま : amma (안마)　　きんば : kimba (금니)
　　こんぶ : kombu (다시마)　　てんぽ : tempo (점포)

(2) 「さ・ざ・た・だ・な・ら」 行 앞에서 : 「n」

例) おんせつ : onsetsu (음절)　　あんじ : anji (암시)
　　だんたい : dantai (단체)　　もんだい : mondai (문제)
　　あんない : annai (안내)　　でんらい : denrai (전래)

(3) 「か・が」 行 앞에서 : 「ng」

例) おんがく : ong-gaku (음악)　　いいんかい : iing-kai (위원회)
　　かんこく : kang-koku (한국)　　にほんご : nihong-go (일본어)

(4) 「あ・は・や・わ」 行 앞 및 「ん」으로 끝날 때 : 「N」

이 「N」은 뒤에 오는 음에 따라 자연스럽게 변화하므로 「ng」으로 발음해도 무방하다. 「N」으로 표기하면 오히려 이해에 혼란이 되기 때문에 「ng」으로 표기한다.

例) れんあい : reng-ai (연애)　　とんや : tong-ya (도매상)
　　でんわ : deng-wa (전화)　　みかん : mikang (귤)

【장음(長音)】

장음이란, 가나 한 글자분의 음성적 길이를 가지고 길게 발음하는 것을 말한다. 히라가나의 장음은, 각 단(段)의 다음에 「あ」「い」「う」「え」「お」를 덧붙여 표기하고 발음한다. 단, え단 다음의 「い」, お단 다음의 「う」도 장음으로 발음하며, え단과 お단의 경우는 이런 부류가 더욱 일반적이다. 가타카나의 장음표기는 단의 종류에 관계없이 장음부호 「ー」로 한다.

(1) **あ段의 장음** (あ단 + あ)

例) おかあさん : 어머니　　おばあさん : 할머니
スカート : 스커트　　バラード : 발라드

(2) **い段의 장음** (い단 + い)

例) おじいさん : 할아버지　　おにいさん : 형
しいたけ : 표고버섯　　シーツ : 시트

(3) **う段의 장음** (う단 + う)

例) かくう : 가공　　さんすう : 산수
つうろ : 통로　　ふうふ : 부부

(4) **え段의 장음** (え단 + え, え단 + い)

例) おねえさん : 누나, 언니　　けいご : 경어
さんせい : 찬성　　スケート : 스케이트

(5) **お段의 장음** (お단 + お, お단 + う)

例) おおきい : 크다　　おとうさん : 아버지
いもうと : 여동생　　こうじ : 공사

2-5 한자와 오쿠리가나

【한자(漢字)】

일본어 학습에 있어서 한자는 빼놓을 수 없다. 그런데, 이 한자가 꽤나 어렵다. 한국어의 한자는 한 글자를 한 음으로 읽는 것이 일반적이지만, 일본어의 한자는 같은 한자가 여러 가지로 읽히기 때문이다.

일본어의 한자에는 음독(音読)과 훈독(訓読)이라는 두 가지 읽기가 있다. 음독이란 중국어식 음인데, 한국어에 있어서의 한자 읽기와 흡사한 방식이다. 훈독이란 일본 고유의 말에 의미가 상통하는 한자를 대입시킨 것으로 일본어 한자 읽기의 독특한 방식이다.

음독은 다른 한자와 결합하여 단어를 형성하는 경우가 많고, 훈독은 그 자체가 단어인 경우가 많다. 또한, 이들이 서로 섞여서 사용되는 경우도 있다. 예를 들면 다음과 같다.

【学】	음독	<ガク>	学問(がくもん) 학문, 学生(がくせい) 학생
	훈독	<まなぶ>	学ぶ(まなぶ) 배우다
【人】	음독	<ニン, ジン>	人間(にんげん) 인간, 人権(じんけん) 인권
	훈독	<ひと>	人(ひと) 사람
【音】	음독	<オン>	音楽(おんがく) 음악, 発音(はつおん) 발음
	훈독	<おと>	音(おと) 소리
【空】	음독	<クウ>	空間(くうかん) 공간, 虚空(こくう) 허공
	훈독	<そら>	空(そら) 하늘
【生】	음독	<セイ>	生物(せいぶつ) 생물, 人生(じんせい) 인생
	훈독	<なま>	生物(なまもの) 날것

【오쿠리가나】

일본어의 단어를 훈독할 때에 주로 의미를 담당하는 어간 부분은 한자로 표기하고 문법적인 기능을 담당하는 어미 부분은 가나로 표기한다. 이와 같이 한자의 뒷부분에 표기하는 가나를 오쿠리가나(送り仮名)라고 한다. 오쿠리가나는 일정한 표기법이 정해져 있다. 소설 등에서는 취향에 따라 법칙에서 벗어나는 표기도 가끔 있지만, 오쿠리가나는 정해진 표기법을 따르는 것이 좋다. 단, 정해진 표기법에도 예외로 허용된 표기법이 있다. 아래의 예에 보이는 한자 다음의 가나가 오쿠리가나이다.

例)	後ろ	(うしろ)	뒤
	歩き方	(あるきかた)	걷는 법
	美しさ	(うつくしさ)	아름다움
	習う	(ならう)	배우다
	見る	(みる)	보다
	変える	(かえる)	바꾸다
	暖かい	(あたたかい)	따뜻하다
	喜ばしい	(よろこばしい)	경사스럽다
	元気だ	(げんきだ)	건강하다
	好きだ	(すきだ)	좋아하다

제3장 명사

명사(名詞)는 인물이나 사물, 장소, 물질 등의 대상을 나타낼 때 사용하는 이름을 나타낸다. 명사는 자립어로 주어와 목적어가 되며 조동사의 지원을 받아 술어가 되기도 한다. 활용은 하지 않는다. 명사에는 대명사와 수사가 포함되는데, 이들을 따로 분리하여 논하는 경우도 있다. 명사류를 합하여 체언(体言)이라고도 한다.

3-1 명사의 종류

명사는 보통명사(일반명사), 고유명사, 형식명사, 복합명사, 전성명사, 대명사, 수사 등으로 세분할 수 있다.

【보통명사(일반명사)】

보통명사는 가장 일반적인 명사로 구체적인 사물의 이름이나 추상적인 사항 등을 나타낸다. 일반명사라고도 한다.

学校(がっこう) 학교	机(つくえ) 책상	椅子(いす) 의자
本(ほん) 책	ノート 노트	鉛筆(えんぴつ) 연필
朝(あさ) 아침	ご飯(ごはん) 밥	のり 김
花(はな) 꽃	木(き) 나무	水(みず) 물
石(いし) 돌	辞書(じしょ) 사전	ペン 펜

명사는 그 자체가 활용을 하지 않기 때문에 주어나 목적어로 사용될 때는 조사의 도움을 필요로 한다. 술어로 사용할 때도 마찬가지로 조동사의 도움이 필요하다.

◉ **「~は~だ」** (~은 ~이다)

명사의 긍정형이다. 「は」는 「은, 는」에 해당하는데, 조사로 사용될 경우에 한하여 「wa」로 읽는다. 「이, 가」에 해당하는 조사는 「が」이다. 「だ」는 「~이다」에 해당하는 조동사이며, 딱딱한 문장체에서는 「である(~이다)」가 사용되는 경우도 있다. 문장이 끝날 때의 마침표는 「。」이다.

· これは本だ。 (이것은 책이다)

· ここは教室だ。 (여기는 교실이다)

· これが人生である。 (이것이 인생이다)

◉ 「～は～です」 (～은 ～입니다)

공손하게 표현하는 가장 기본적인 구문이다. 「です」는 「～입니다」에 해당하는 조동사이다. 딱딱한 문장에서는 「であります(～입니다)」가 사용되는 경우도 있다.

· ここは教室です。 (여기는 교실입니다)

· 私は学生です。 (저는 학생입니다)

· これが人生であります。 (이것이 인생입니다)

◉ 「～は～ではない (＝～は～じゃない)」 (～은 ～이 아니다)

명사의 부정형은 단정의 조동사 「だ(である)」를 「ではない」로 바꾼다. 즉, 「本だ＋ない → 本ではない」의 형태가 된다. 「では」는 「dewa」로 읽는다. 대화체에서는 「では」가 「じゃ」로 표현되는 경우가 많다.

· これは本ではない。 (이것은 책이 아니다)

· 彼は学生じゃない。 (그는 학생이 아니다)

· ここは教室じゃない。 (여기는 교실이 아니다)

◉ 「～は～ではないです (＝～は～ではありません)」 (～은 ～이 아닙니다)

공손한 부정형은 「ではないです」의 형태와 「ではありません」이라는 두 가지 패턴이 있다. 대화체에서는 「じゃないです」 「じゃありません」으로 표현되는 경우가 많다.

・これは英語(えいご)の本ではないです。(＝これは英語の本ではありません)
(이것은 영어 책이 아닙니다)

・ここは教室ではありません。 (＝ここは教室ではないです)
(여기는 교실이 아닙니다)

・私は学生じゃありません。 (＝私は学生じゃないです)
(저는 학생이 아닙니다)

【고유명사】

고유명사는 인명이나 지명, 국명 등과 같이 고유한 것의 이름을 나타낸다.

田中(たなか)	다나카	名古屋(なごや)	나고야	東京(とうきょう)	도쿄
チュンチョン	춘천	日本(にほん)	일본	ソウル	서울
札幌(さっぽろ)	삿포로	横浜(よこはま)	요코하마	大阪(おおさか)	오사카

◉ **「～は～ですか」** (～은 ～입니까?)

「か」는 의문을 나타내는 종조사이다. 의문종조사 「か」를 사용하면 의문부호 「?」는 사용하지 않는다. 이하의 예문에 나오는 명사가 전부 고유명사라는 뜻이 아니다. 기본문형을 하나씩 늘려가는 과정이다.

・あの人は田中さんですか。 (저 사람은 다나카씨입니까?)
・ここは東京ですか。 (여기는 도쿄입니까?)
・彼は学生ですか。 (그는 학생입니까?)

◉ **「～は～ではありませんか」** (～은 ～이 아닙니까?)
・あの人は田中さんではありませんか。 (저 사람은 다나카씨가 아닙니까?)

· ここは東京じゃありませんか。 (여기는 도쿄가 아닙니까?)

· 彼は学生じゃありませんか。 (그는 학생이 아닙니까?)

◉ **「~は~でした」** (~은 ~이었습니다)

· そんなことは分かりませんでした。 (그런 것은 몰랐어요)

· 私は参加するつもりでした。 (저는 참가할 생각이었습니다)

· 彼は学生でした。 (그는 학생이었습니다)

◉ **「~は~ではありませんでした」** (~은 ~이 아니었습니다)

· 私は歌うつもりではありませんでした。 (저는 노래할 생각이 아니었습니다)

· そのことは事実ではありませんでした。 (그것은 사실이 아니었습니다)

· 彼は先生じゃありませんでした。 (그는 선생님이 아니었습니다)

【형식명사】

형식명사는 명사의 역할을 하지만 그 자체가 특정한 것을 가리키는 것이 아닌 것이다. 단독으로 사용하지 않고 다른 요소와 더불어 사용된다. 전후 맥락과 내용을 파악하여 번역한다. 형식명사 중에서 「の」와 같은 것은 체언이나 활용어의 연체형 등에 붙어서 체언에 준하는 역할을 한다고 하여 「준체조사(準体助詞)」라고 부르는 경우가 있다.

うち(동안)	方(かた, 분)	こと(것)	もの(것)	の(것)
ところ(바, 정도)	つもり(셈)	はず(할 터)	わけ(사정)	方(ほう, 쪽)

· それは私のです。 (그것은 제 것입니다)

・若(わか)いうちに勉強(べんきょう)しておきましょう。（젊을 때에 공부해 둡시다）
・思(おも)っているところを言(い)ってください。（생각하고 있는 바를 말해 주세요）
・これからもっと勉強するつもりです。（앞으로 좀 더 공부할 생각입니다）
・事業(じぎょう)は成功(せいこう)するはずです。（사업은 성공할 것입니다）

◉ **「～たことがある」**（～한 적이 있다）

・日本料理(にほんりょうり)を食(た)べたことがあります。（일본요리를 먹은 적이 있습니다）
・スペイン語(ご)を勉強したことがあります。（스페인어를 공부한 적이 있습니다）
・彼女(かのじょ)と話(はな)したことがあります。（그녀와 얘기한 적이 있습니다）

◉ **「～た方(ほう)がいい」**（～하는 것이 좋다）

・毎日(まいにち)運動(うんどう)した方がいいです。（매일 운동하는 것이 좋습니다）
・今日(きょう)は早(はや)く寝(ね)た方がいいです。（오늘은 빨리 자는 것이 좋습니다）
・早く食べた方がいいです。（빨리 먹는 것이 좋습니다）

◉ **「～ところだ」**（막～하려는 참이다）

「ところ」는 형식명사로도 사용되지만, 일반명사로도 사용된다. 또한 「ところ」에는 현재를 중심으로 한 비교적 짧은 시간을 시각적으로 나타내는 시제적인 요소로서의 기능이 있다. 기본형에 「ところ」를 사용하면 아직 하지는 않았지만 곧 하려는 참을 나타낸다.

・今(いま)ご飯(はん)を食べるところです。（지금 밥을 먹으려던 참입니다）
・今ちょうど出(で)かけるところです。（지금 막 나가려던 참입니다）
・今電話(でんわ)をかけるところです。（지금 전화를 걸려던 참입니다）

◉ **「～ているところだ」** (막～하고 있는 중이다)

「ところ」를 현재진행형에 사용하면 지금 한창 하고 있는 중을 나타낸다. 현재진행형에 대해서는 동사편에서 공부할 것이기 때문에 지금은 「ところ」의 쓰임새에 대해 이해를 하도록 한다.

· 今ご飯を食べているところです。 (지금 밥을 먹고 있는 중입니다)

· 昨日(きのう)買(か)った本を読(よ)んでいるところです。 (어제 산 책을 읽고 있는 중입니다)

· 日本の音楽(おんがく)を聞(き)いているところです。 (일본 음악을 듣고 있는 중입니다)

◉ **「～たところだ」** (막～한 참이다)

「ところ」를 과거의 조동사 「た」에 접속하면 어떤 동작이 지금 막 완료되었음을 나타낸다.

· 今ご飯を食べたところです。 (지금 막 밥을 다 먹었습니다)

· 課長(かちょう)は今帰(かえ)ったところです。 (과장님은 지금 막 퇴근한 참입니다)

· 今宿題(しゅくだい)が終(お)わったところです。 (지금 막 숙제가 끝났습니다)

【복합명사】

둘 이상의 단어가 모여서 하나의 명사로 사용되는 것이다. 복합명사는 명사와 명사가 합쳐지는 것뿐만 아니라 그 외의 여러 품사에서 파생할 수 있다.

筆箱(ふでばこ : 필통)	旨味(うまみ : 감칠맛)
有名人(ゆうめいじん : 유명인)	歩き方(あるきかた : 걷는 방법)
人々(ひとびと : 사람들)	組み立て(くみたて : 조립)
走り高跳び(はしりたかとび : 높이뛰기)	出口(でぐち : 출구)
昼寝(ひるね : 낮잠)	春風(はるかぜ : 봄바람)
上り坂(のぼりざか : 오르막길)	下り坂(くだりざか : 내리막길)

※ 「人々(사람들)」 안에 있는 「々」는 같은 한자가 한 글자 반복된다는 반복부호이다. 읽기는 앞 글자에 따라 달라진다. 「人々(ひとびと : 사람들)」 외에도 「日々(ひび : 하루하루)」「所々(ところどころ : 군데군데)」 등이 자주 쓰인다.

· 人々と行動(こうどう)を共(とも)にします。 (사람들과 행동을 같이하겠습니다)

· 夢(ゆめ)のような日々を送(おく)りました。 (꿈같은 나날을 보냈습니다)

· 所々分(わ)からないことがあります。 (군데군데 모르는 것이 있습니다)

· 筆箱の中(なか)にペンや鉛筆(えんぴつ)などがあります。
(필통 안에 펜이랑 연필 등이 있습니다)

· あの人の歩き方はちょっとおかしいですね。
(저 사람의 걷는 방식은 좀 이상하네요)

· 建物(たてもの)には入口と出口があります。 (건물에는 입구와 출구가 있습니다)

· 爽(さわ)やかな春風が吹(ふ)いています。 (상쾌한 봄바람이 불고 있습니다)

【전성명사】

형용사나 형용동사에 접미사를 붙이거나 동사나 형용사 활용형의 형태에서 명사로 전용된 것이다.

① 동사나 형용사의 연용형이 명사화한 것

: 遊び(놀이) 歩き(걷기) 教え(가르침) 帰り(귀가) 遠く(먼 곳) 近く(근처) 多く(다수) 匂い(냄새) 香り(향기) 感じ(느낌) 休み(휴일)

· それは子供の遊びですね。 (그건 아이들 놀이로군요)

· あの遠くに見える山の名前は何ですか。
(저 멀리에 보이는 산 이름이 뭐예요?)

· これはいい感じですね。 (이것은 느낌이 좋군요)

② 형용사, 형용동사의 어간에 접미사 「さ, み, け」를 붙여서 명사가 된 것. 「け」는 명사나 동사의 연용형에도 붙으며 한자로는 「気」를 쓴다. 「深さ(ふかさ)」 「深み(ふかみ)」와 같이, 같은 용어에 다른 접미사를 붙일 때는 의미변화가 있을 수 있다. 「深さ」는 「深さ5メートル(깊이 5미터)」와 같은 물리적인 깊이, 「深み」는 「深みのある人間(깊이가 있는 사람)」과 같은 추상적인 깊이를 주로 나타낸다.

: 寒さ(추위) 楽しさ(즐거움) 暑さ(더위) 便利さ(편리함) 静かさ(조용함) 深さ(깊이) 楽しみ(즐거움, 기대) 厚み(두께) 深み(깊이) 眠け(졸음) 寒け(한기) 水け(물기) 人け(인기척) 吐き気(구역질)

· これくらいの暑さは我慢できます。 (이 정도의 더위는 참을 수 있습니다)

· また会う日を楽しみにしています。 (또 만날 날을 기대하고 있겠습니다)

· これはちょっと水けが多いですね。 (이것은 물기가 좀 많네요)

◉ **「~がする」** (~느낌이 나다)

전성명사를 포함한 명사에 「~がする」를 사용하면 「~느낌이 나다, ~느

낌이 들다」라는 숙어가 되는 경우가 많다. 같은 용어를 한자로 표기하기도 하고 히라가나로 표기하기도 한 것은 원어민의 문자생활에 익숙해지기 위함이다.

においがする 냄새가 나다	かおりがする 향기가 나다
感じがする 느낌이 들다	寒気がする 한기가 들다
音がする 소리가 나다	気(き)がする 기분이 들다
味(あじ)がする 맛이 나다	眠けがする 졸음이 오다
吐き気がする 구역질이 나다	人けがする 인기척이 나다

· バラのいい香りがしますね。 (장미의 좋은 향기가 나네요)
· 何となく寒気がします。 (왠지 모르게 한기가 듭니다)
· 外(そと)で変(へん)な音がしましたよ。 (밖에서 이상한 소리가 났어요)
· 今日は勉強する気がしません。 (오늘은 공부할 마음이 나지 않습니다)
· ワインを飲んだら眠けがします。 (와인을 마셨더니 졸음이 오네요)

【접두사와 접미사】

명사에 사용하는 접두사와 접미사에는 다음과 같은 것이 많이 쓰인다.

「素(す)~」: 꾸미지 않은, 있는 그대로의
　素顔(すがお) 맨얼굴, 素肌(すはだ) 맨살
「ど~」: 정도가 심함
　どあほう 멍청이, ど真ん中(どまんなか) 한복판, どえらい 엄청나다
「真(ま)~」: 참다운, 진실한, 바른
　真心(まごころ) 진심, 真正面(ましょうめん) 바로 정면
「真(ま)っ~」: 아주, 완전히
　真っ最中(まっさいちゅう) 한창 하는 중, 真っただなか 한복판, 한창일 때

「真(ま)ん～」: 완전히, 정확히

真ん中(まんなか) 한가운데, 真ん丸(まんまる) 완전히 둥근 것

「～当たり」: ～당

· 一人当たり千円です。 (한사람 당 천 엔입니다)

「～あまり」: ～남짓

· 三十あまりの女性が訪(たず)ねてきました。 (서른 남짓한 여성이 찾아 왔습니다)

「～屋(や)」: ～하는 사람이나 가게

魚屋(さかなや) 생선가게, 花屋(はなや) 꽃집, 薬屋(くすりや) 약국
飲み屋(のみや) 술집, パン屋(パンや) 빵집, 八百屋(やおや) 야채가게

· 魚屋に行って魚を買ってきてください。 (생선가게에 가서 생선을 사 오세요)

· 飲み屋で一杯飲みましょう。 (술집에서 한 잔 마십시다)

3-2 대명사

대명사는 명사를 대신하여 사용되는 것으로 사람, 사물, 방향, 장소 등을 나타낸다. 대명사에는 인칭대명사와 지시대명사가 있다.

【인칭대명사】

인칭대명사는 「나」「너」「그 여자」와 같이 사람을 가리키는 대명사이다. 가리키는 대상에 따라 1인칭대명사, 2인칭대명사, 3인칭대명사로 나눈다.

① 1인칭대명사 : 화자 자신을 가리키는 대명사

私(わたし, わたくし)　僕(ぼく)　俺(おれ)　自分(じぶん)　あたし

② 2인칭대명사 : 상대방을 가리키는 대명사

あなた　君(きみ)　お前(おまえ)

③ 3인칭대명사 : 제3자를 가리키는 대명사

彼(かれ)　彼女(かのじょ)　誰(だれ)　どなた

· 私は大学生(だいがくせい)です。 (저는 대학생입니다)

· 僕の専攻(せんこう)は日本語(にほんご)です。 (내 전공은 일본어입니다)

· あなたは日本人(にほんじん)ですか。 (당신은 일본인입니까?)

· 彼は俺の友(とも)だちだ。 (그는 내 친구다)

· 彼女は水泳(すいえい)の選手(せんしゅ)だ。 (그녀는 수영 선수다)

【지시대명사】

지시대명사는 사물이나 장소, 방향 등을 나타내는 대명사이다. 가리키는 위치가 화자에게 가까우면 「こ」, 청자에게 가까우면 「そ」, 모두에게서 떨어진 상태이면 「あ」계통의 지시대명사를 쓰고, 의문을 나타낼 때는 「ど」계통을 쓴다. 이것을 「こそあど言葉(こそあどことば)」라고 한다.

【지시대명사】

	こ(근칭)	そ(중칭)	あ(원칭)	ど(부정칭)
사물	これ(이것)	それ(그것)	あれ(저것)	どれ(어느 것)
장소	ここ(여기)	そこ(거기)	あそこ(저기)	どこ(어디)
방향	こちら(이쪽)	そちら(그쪽)	あちら(저쪽)	どちら(어느 쪽)

· これは日本語の本です。 (이것은 일본어 책입니다)

· 時計(とけい)はそこにありますよ。 (시계는 거기에 있어요)

· あちらにある花の名前は何ですか。 (저쪽에 있는 꽃 이름이 뭐예요?)

· どれがあなたの本ですか。 (어느 것이 당신의 책입니까?)

「こそあど言葉」 중에 대명사는 아니지만 지시사로 사용되는 것이 더 있다. 이들은 나중에 학습할 연체사로서의 역할을 하거나 용언을 수식하는 부사의 역할을 한다. 이들을 합쳐서 편의적으로 지시대명사라고 하는 경우도 있다.

【지시사】

こ(근칭)	そ(중칭)	あ(원칭)	ど(부정칭)
この(이)	その(그)	あの(저)	どの(어느)
こんな(이런)	そんな(그런)	あんな(저런)	どんな(어떤)
こう(이렇게)	そう(그렇게)	ああ(저렇게)	どう(어떻게)

· あの人はいつも同(おな)じことばかり言っています。
  (저 사람은 언제나 같은 것만 말하고 있습니다)

· こんなものを誰(だれ)が食べるんですか。 (이런 것을 누가 먹어요?)

· あそこにそう書(か)いてあります。 (저기에 그렇게 쓰여 있습니다)

「こそあど言葉」는 한국어의 「이, 그, 저, 어느」와 기본적으로 일치한다. 그러나 차이점도 있다. 가장 큰 차이점은 「あ」계통에 있다.

「あ」계통의 지시사는 우리말의 「저」계통에 속하지만, 실제 사용에서 「그」계통의 지시사로 쓰이는 경우가 있다. 특히, 화자와 청자가 내용을 서로 알고 있는 것을 말할 때, 즉 정보를 공유하고 있을 때는 한국어로 「그」계통으로 말하는 경우에도 일본어로는 「あ」계통의 지시사를 사용한다. 다음의 (1b)는 「田中さん」을 모르는 사람이고, (2b)는 「田中さん」을 알고 있는 사람이다.

(1) a) 今晩、田中さんと一緒に一杯飲みませんか。
(오늘밤, 다나카씨와 같이 한잔 마시지 않겠습니까?)

b) その人はどんな人ですか。(그 사람은 어떤 사람인가요?)

(2) a) 今晩、田中さんと一緒に一杯飲みませんか。
(오늘밤, 다나카씨와 같이 한잔 마시지 않겠습니까?)

b) あの人は酔っぱらうと人が変わるから一緒に飲みたくありません。
(그 사람은 취하면 사람이 바뀌니까 같이 마시고 싶지 않습니다)

방향을 나타내는 「こちら, そちら, あちら, どちら」는 정중한 표현으로서의 역할도 한다. 또한, 화자와 청자, 모두로부터 떨어져 있는 곳이어서 한국어로는 「저기」로 하는 부분이더라도 아주 가까운 곳일 경우, 일본어로는 「そこ」를 사용하는 경우도 있다.

(3) a) ご紹介します。こちらは日本の鈴木さんです。
(소개하겠습니다. 이분은 일본의 스즈키씨입니다)

b) はじめまして。田中と申します。 (처음 뵙겠습니다. 다나카라고 합니다)

(4) a) ごめんください。 (실례합니다)

b) どちらさまですか。 (누구신가요?)

(5) a) (運転手) どこに止めましょうか。 (운전수 : 어디에 세울까요?)

b) (客) そこのコンビニの前に止めてください。
(손님 : 저기 편의점 앞에 세워 주세요)

【何(なん, なに)】

일본어의 대표적인 의문사는 「何(なん, なに)」이다. 이 외에 지시대명사인 「どこ, どちら, どなた」 등이 의문사로 사용된다.

「何」은 「なん」과 「なに」라는 두 가지 읽기가 있다. 뒤에 오는 말에 따라 읽기가 정해진다. 다음과 같은 경향이 있지만, 이것을 문법적으로 암기하기 보다는 문장 안에서 습관적으로 익숙해지는 것이 훨씬 용이하다.

「なん」 : 「何」을 「なん」으로 읽는 경우는 일반적으로 뒤에 조수사가 올 때나, 조동사가 오는 경우가 많다. 「何の(무슨)」 「何という(뭐라고 하는)」 「何でも(뭐든지)」와 같은 연어(連語)에 연결될 때도 일반적으로 「なん」으로 읽는다.

· 何時(なんじ)がいいでしょうか。 (몇 시가 좋을까요?)
· 何回(なんかい)練習すればうまくできますか。
  (몇 번 연습하면 잘 할 수 있습니까?)
· 何人(なんにん)が来ますか。 (몇 명이 오나요?)
· これは何(なん)ですか。 (이것은 무엇입니까?)
· これは何(なん)の本ですか。 (이것은 무슨 책입니까?)
· これは何(なん)といいますか。 (이것은 뭐라고 합니까?)
· 何(なん)でもいいです。 (뭐든지 좋습니다)

「なに」 : 「何」을 「なに」로 읽는 경우는 일반적으로 뒤에 조사가 올 때이다. 물론 이것이 규칙은 아니다. 「何か」는 일반적으로 「なにか」이지만, 이것이 한 단어화되어 연어(뭔가)나 부사(어쩐지), 조사(~따위)로 사용되면 「なんか」로 읽는다.

· 何(なに)か食べますか。 (뭔가 먹을래요?)

· 何(なに)を食べますか。 (뭘 먹겠습니까?)

· 何(なに)がいいでしょうか。 (뭐가 좋을까요?)

· 食事(しょくじ)は何(なに)になさいますか。 (식사는 무엇으로 하시겠습니까?)

· 何(なに)から何(なに)まで教えてくださいました。
(하나에서 열까지 가르쳐 주셨습니다)

【명사의 수식】

일본어에서 명사가 명사를 수식할 때는 복합명사화되어 있는 단어를 제외하면 대부분 명사와 명사 사이에 소유격조사 「の(~의)」를 삽입한다.

· あれが私の学校です。 (저것이 제 학교입니다)

· バラの花が好(す)きです。 (장미꽃을 좋아합니다)

· 友だちの家(いえ)に遊びに行きます。 (친구 집에 놀러 갑니다)

· 今日の夜(よる)は何が食べたいですか。 (오늘밤에는 뭘 먹고 싶으세요?)

· 明日の朝(あさ)は授業(じゅぎょう)がありません。 (내일 아침에는 수업이 없습니다)

3-3 수사

수사(数詞)는 숫자를 나타내는 명사이다. 한자음으로 읽는 방법과 고유어 숫자가 있다. 기본적으로 숫자만으로 수량을 나타내는 것을 수사라고 하고, 수사에 붙어서 수량이나 시간 등의 단위를 첨가하는 것을 조수사라고 하는데, 일반적으로는 조수사까지 포함하여 수사로 취급하는 경우가 많다. 수사를 도와주는 조수사는 흔히 한자 숫자에 붙여서 많이 사용된다.

◆ 한자식 숫자읽기 1 <1에서 20까지>

1 (一)	2 (二)	3 (三)	4 (四)	5 (五)
いち	に	さん	**し, よん, よ**	ご
6 (六)	7 (七)	8 (八)	9 (九)	10 (十)
ろく	**しち, なな**	はち	**く, きゅう**	じゅう

※ 숫자에 따라서는 두 가지 또는 세 가지의 읽기가 있는 것이 있다. 뒤에 오는 조수사와의 연결 등에 따라 달라지니 익숙해지도록 한다.

11：じゅういち　12：じゅうに　13：じゅうさん
14：じゅうし(じゅうよん)　15：じゅうご　16：じゅうろく
17：じゅうしち(じゅうなな)　18：じゅうはち　19：じゅうく(じゅうきゅう)
20：にじゅう

· 彼女は1年生(ねんせい)です。 (그녀는 1학년입니다)
· 日本語を3年間(ねんかん)勉強しています。 (일본어를 3년간 공부하고 있습니다)
· もう5時間(じかん)もドラマを見(み)ています。 (벌써 5시간이나 드라마를 보고 있습니다)
· 今日の授業は6ページからです。 (오늘 수업은 6페이지부터입니다)
· 今朝(けさ)の気温(きおん)は8度(ど)でした。 (오늘아침 기온은 8도였습니다)

◆ 시간 표현

1時	2時	3時	4時	5時	6時
いちじ	にじ	さんじ	**よじ**	ごじ	ろくじ
7時	8時	9時	10時	11時	12時
しちじ	はちじ	**くじ**	じゅうじ	じゅういちじ	じゅうにじ

※ 「4시」「7시」「9시」는 「よじ」「しちじ」「くじ」로만 읽는 점에 주의한다.

· 今何時(なんじ)ですか。 (지금 몇 시입니까?)

· 今午前(ごぜん)10時です。 (지금 오전 10시입니다)

· 今午後(ごご)7時です。 (지금 오후 7시입니다)

◆ 한자식 숫자읽기 2 <10의 배수>

10	20	30	40	50
じゅう	にじゅう	さんじゅう	よんじゅう (しじゅう)	ごじゅう
60	70	80	90	100
ろくじゅう	ななじゅう (しちじゅう)	はちじゅう	きゅうじゅう	ひゃく

◆ 100이상의 숫자

100	ひゃく	(百)
1,000	せん	(千)
10,000	いちまん	(一万)
100,000	じゅうまん	(十万)
1,000,000	ひゃくまん	(百万)
10,000,000	いっせんまん	(一千万)
100,000,000	いちおく	(一億)

※ 「만」에 해당하는 단위는 일본어도 「万(まん)」이다. 그러나 이것이 실제 사용될 때는 「一万(いちまん)」으로 사용된다. 즉 「만 원」 「만 엔」에 해당하는 일본어는 「一万ウォン」 「一万円」으로 표현한다. 그 이상의 단위는 한국어와 같다. 「억」단위 이상으로는 「兆(ちょう : 조)」 「京(けい : 경)」 「垓(がい : 해)」로 이어진다.

· それはいくらですか。 (그것은 얼마입니까?)

· これは15000円です。 (이것은 15000엔입니다)

· 日本のお金で100円は韓国のお金で1000ウォンです。
(일본 돈으로 100엔은 한국 돈으로 1000원입니다)

◆ 고유숫자

하나	둘	셋	넷	다섯
ひとつ (一つ)	ふたつ (二つ)	みっつ (三つ)	よっつ (四つ)	いつつ (五つ)
여섯	**일곱**	**여덟**	**아홉**	**열**
むっつ (六つ)	ななつ (七つ)	やっつ (八つ)	ここのつ (九つ)	とお (十)

※ 몇 개 : いくつ (幾つ)

현대일본어에서 기본적으로 사용되는 고유숫자는 이 열 개가 전부이다. 따라서 열한 개부터는 한자숫자를 사용한다. 원래는 「백(もも), 천(ち), 만(よろず)」 등에 해당하는 고유숫자가 있었으나 지금은 일반적인 숫자로는 사용하지 않고 다른 숙어와 접속한 형태로 남아 있는 경우는 있다. 예를 들면 「치바현(千葉県 : ちばけん)」의 「千」, 「八百万(やおよろず : 수효가 많음)」의 「万(よろず)」 등에 남아 있다. 참고로 현대한국어로 숫자는 「아흔 아홉」까지 셀 수 있고, 그 후로는 「백」에 해당하는 「온」, 「천」에 해당하는 「즈믄」, 「만」에 해당하는 「두맨」 등이 있었다고 알려져 있다.

· テーブルの上にミカンが三つあります。 (테이블 위에 귤이 세 개 있습니다)

· りんごはいくつありますか。 (사과는 몇 개 있습니까?)

· りんごは五つありますね。 (사과는 다섯 개 있네요)

【조수사(助数詞)】

조수사로 사용되는 대표적인 것을 묶어서 제시하도록 한다.

<조수사 1>

	~回(かい) 횟수	~冊(さつ) 책 · 노트	~人(にん) 사람	~台(だい) 자동차 · 기계	~枚(まい) 종이 · 우표
1	いっかい	いっさつ	**ひとり**	いちだい	いちまい
2	にかい	にさつ	**ふたり**	にだい	にまい
3	さんかい	さんさつ	さんにん	さんだい	さんまい
4	よんかい	よんさつ	よにん	よんだい	よんまい
5	ごかい	ごさつ	ごにん	ごだい	ごまい
6	ろっかい	ろくさつ	ろくにん	ろくだい	ろくまい
7	ななかい	ななさつ	ななにん (しちにん)	ななだい	ななまい (しちまい)
8	はっかい (はちかい)	はっさつ	はちにん	はちだい	はちまい
9	きゅうかい	きゅうさつ	きゅうにん	きゅうだい	きゅうまい
10	じゅっかい	じゅっさつ	じゅうにん	じゅうだい	じゅうまい
何	なんかい	なんさつ	なんにん	なんだい	なんまい

※ 위의 표에서 볼 수 있듯이, 「한 사람, 두 사람」을 말할 때는 특별히 「一人(ひとり), 二人(ふたり)」라고 읽는다. 단, 「1인분, 2인분」을 말할 때는 「一人前(いちにんまえ), 二人前(ににんまえ)」라고 표현한다.

· あそこに女(おんな)の人(ひと)が一人(ひとり)いいます。 (저기에 여자가 한 사람 있습니다)

· 友だち二人(ふたり)と遊んでいます。 (친구 둘하고 놀고 있습니다)

· 寿司(すし)を一人前(いちにんまえ)注文(ちゅうもん)してもいいですか。 (초밥을 1인분 주문해도 되나요?)

・チャンポンを二人前お願いします。 (짬뽕을 2인분 부탁합니다)

・友だち三人で、五人前のうどんを食べました。
(친구 셋이서 5인분의 우동을 먹었습니다)

・これを三回読んでください。 (이것을 세 번 읽어 주세요)

・本を2冊買いましょう。 (책을 2권 삽시다)

・明日の授業には何人が来ますか。 (내일 수업에는 몇 명이 옵니까?)

・コピー機は何台必要ですか。 (복사기는 몇 대 필요합니까?)

・これを八枚コピーしてきてください。 (이것을 여덟 장 복사해 오세요)

<조수사2>

	~杯(はい) 잔・그릇	~個(こ) 달걀・귤	~番(ばん) 순서	~本(ほん) 연필・병	~歳(さい) 연령
1	いっぱい	いっこ	いちばん	いっぽん	いっさい
2	にはい	にこ	にばん	にほん	にさい
3	さんばい	さんこ	さんばん	さんぼん	さんさい
4	よんはい	よんこ	よんばん	よんほん	よんさい
5	ごはい	ごこ	ごばん	ごほん	ごさい
6	ろっぱい	ろっこ	ろくばん	ろっぽん	ろくさい
7	ななはい	ななこ	ななばん	ななほん	ななさい
8	はっぱい	はっこ	はちばん	はっぽん	はっさい
9	きゅうはい	きゅうこ	きゅうばん	きゅうほん	きゅうさい
10	じゅっぱい	じゅっこ	じゅうばん	じゅっぽん	じゅっさい
何	なんばい	なんこ	なんばん	なんぼん	なんさい

※ 「杯(はい)」는 앞의 숫자와의 조합에 의해 「はい, ぱい, ばい」라는 세 가지의 읽기를 가진다. 「いっぱい」는 「한 잔」이라는 명사로도 사용하지만, 「가득하다」라는 형용동사로도 쓰이고, 「가득」이라는 부사로도 쓰인다.

· 帰りに一杯飲みませんか。 (집에 가는 길에 한잔 마시지 않을래요?)

· ご飯を2杯食べました。 (밥을 두 그릇 먹었습니다)

· 夕(ゆう)べはワインを3杯も飲みました。 (어젯밤에는 와인을 3잔이나 마셨습니다)

· 感動(かんどう)して胸(むね)がいっぱいです。 (감동하여 가슴이 벅찹니다. <형용동사>)

· ここに水をいっぱい入(い)れてください。 (여기에 물을 가득 넣어주세요. <부사>)

· ミカンを一個ずつ食べましょう。 (귤을 하나씩 먹읍시다)

· 選択肢(せんたくし)は1番から5番まであります。 (선택지는 1번부터 5번까지 있습니다)

· 鉛筆を二本買ってきました。 (연필을 두 자루 사왔습니다)

· 妹(いもうと)は6歳になりました。 (여동생은 여섯 살이 되었습니다)

◇ 달 표현 ◇

1月	2月	3月	4月	5月	6月
いちがつ	にがつ	さんがつ	**しがつ**	ごがつ	ろくがつ
7月	8月	9月	10月	11月	12月
しちがつ	はちがつ	**くがつ**	じゅうがつ	じゅういちがつ	じゅうにがつ

※ 「4월」「7월」「9월」은 「しがつ」「しちがつ」「くがつ」라고만 읽는 점에 주의한다. 아라비아숫자로 표기하든 한자로 표기하든 읽기에 변함은 없다.

· 1年は1月から12月まであります。 (1년은 1월부터 12월까지 있습니다)

· 韓国は3月に学校が始(はじ)まります。 (한국은 3월에 학교가 시작됩니다)

· 日本は4月に新学期(しんがっき)が始まります。 (일본은 4월에 신학기가 시작됩니다)

· 8月には夏休(なつやす)みがあります。 (8월에는 여름방학이 있습니다)

· 10月は運動会(うんどうかい)のシーズンです。 (10월은 운동회 시즌입니다)

◇ 날짜 표현 ◇

一日	**ついたち**	1일	十六日	じゅうろくにち	16일
二日	**ふつか**	2일	十七日	じゅうしちにち	17일
三日	**みっか**	3일	十八日	じゅうはちにち	18일
四日	**よっか**	4일	十九日	じゅうくにち	19일
五日	**いつか**	5일	二十日	**はつか**	20일
六日	**むいか**	6일	二一日	にじゅういちにち	21일
七日	**なのか**	7일	二二日	にじゅうににち	22일
八日	**ようか**	8일	二三日	にじゅうさんにち	23일
九日	**ここのか**	9일	二四日	**にじゅうよっか**	24일
十日	**とおか**	10일	二五日	にじゅうごにち	25일
十一日	じゅういちにち	11일	二六日	にじゅうろくにち	26일
十二日	じゅうににち	12일	二七日	にじゅうしちにち	27일
十三日	じゅうさんにち	13일	二八日	にじゅうはちにち	28일
十四日	**じゅうよっか**	14일	二九日	にじゅうくにち	29일
十五日	じゅうごにち	15일	三十日	さんじゅうにち	30일
			三十一日	さんじゅういちにち	31일

※ 1일부터 10일까지는 고유의 날짜로 독특하게 읽는다. 14일과 24일은 한자숫자와 고유숫자가 조합되어 있고, 20일은 고유한 읽기를 한다.

· 1月1日はお正月(しょうがつ)です。 (1월 1일은 설날입니다)

· 3月3日はひなまつりです。 (3월 3일은 히나축제입니다)

· 5月5日はこどもの日(ひ)です。 (5월 5일은 어린이날입니다)

· ミエちゃんの誕生日(たんじょうび)は7月6日です。 (미에의 생일은 7월 6일입니다)

· 12月は31日まであります。 (12월은 31일까지 있습니다)

◆ 요일 표현

일요일	월요일	화요일	수요일	목요일	금요일	토요일
日曜日	月曜日	火曜日	水曜日	木曜日	金曜日	土曜日
にちようび	げつようび	かようび	すいようび	もくようび	きんようび	どようび

※ 「무슨 요일」: 「何曜日(なんようび)」(「なにようび」라고 읽는 경우도 있음)

· 今日は何曜日ですか。 (오늘은 무슨 요일이에요?)

· 今日は月曜日です。 (오늘은 월요일입니다)

· 今日は3月20日、木曜日です。 (오늘은 3월 20일, 목요일입니다)

· 明日は金曜日です。 (내일은 금요일입니다)

· 土曜日と日曜日は休みです。 (토요일과 일요일은 쉬는 날입니다)

제4장 형용사

형용사(形容詞)는 사람이나 사물의 속성, 즉 상태나 성질 등을 나타낸다. 명사, 동사와 더불어 품사의 골격을 이룬다. 자립어이며 활용을 할 수 있고, 술어가 되며 접미사를 붙여서 명사형을 만들기도 하고, 명사를 수식하기도 한다.

형용사에는 두 가지 종류가 있다. 전통적인 학교문법에서는 「형용사」와 「형용동사」라는 두 용어로 사용하여 왔다. 그런데 일본어교육에서는 「형용사」를 「い형용사」라고 하고, 「형용동사」를 「な형용사」라고 한다.

4-1 형용사(い형용사)

기본형의 어미가 「い」로 끝나는 것을 학교문법에서는 「형용사」라 하고, 일본어교육에서는 「い형용사」라고 한다. 단, 「い형용사」라는 용어는 기본형에서 비롯된 것이 아니라 명사를 수식하는 연체수식형에서 비롯된 것이다. 먼저, 기본적인 い형용사를 몇 가지 제시한다. 일단 어떤 い형용사가 있는지 살펴보도록 하고, 부담스러울 때는 지금 당장 전부 암기하지 않아도 된다. 학습을 해 나가는 과정에서 조금씩 내 것으로 해 나가도록 한다. 한자에도 익숙해지기 위하여 한자와 히라가나를 번갈아 표기한 경우도 있고 한자나 히라가나로만 표기한 경우도 있다.

<상대적인 개념을 나타내는 い형용사>

温かい（あたたかい） 따뜻하다	冷たい（つめたい） 차갑다
明るい（あかるい） 밝다	暗い（くらい） 어둡다
新しい（あたらしい） 새롭다	古い（ふるい） 낡다, 오래되다
暑い（あつい） 덥다	寒い（さむい） 춥다
良い（いい） 좋다	悪い（わるい） 나쁘다
美味しい（おいしい） 맛있다	まずい 맛없다
多い（おおい） 많다	少ない（すくない） 적다
重い（おもい） 무겁다	軽い（かるい） 가볍다
高い（たかい） 비싸다	安い（やすい） 싸다
近い（ちかい） 가깝다	遠い（とおい） 멀다
強い（つよい） 강하다	弱い（よわい） 약하다
長い（ながい） 길다	短い（みじかい） 짧다
広い（ひろい） 넓다	狭い（せまい） 좁다
太い（ふとい） 굵다	細い（ほそい） 가늘다
やさしい 쉽다	難しい（むずかしい） 어렵다

◉ 「~い, ~いです」 (い형용사의 긍정형)

い형용사는 기본형과 문장이 끝나는 형태가 같다. 즉 「おいしい(맛있다)」로 문장을 완결할 수 있다. 공손하게 말할 때는 끝에 「です」를 붙여주면 된다.

· これは安い。 (이것은 싸다)

· あの山は美(うつく)しいね。 (저 산은 아름답구나)

· この教室(きょうしつ)はちょっとうるさいです。 (이 교실은 좀 시끄럽습니다)

· 中国語(ちゅうごくご)は難しいです。 (중국어는 어렵습니다)

<자주 쓰이는 い형용사>

青い (あおい) 파랗다	赤い (あかい) 빨갛다
甘い (あまい) 달다	忙しい (いそがしい) 바쁘다
痛い (いたい) 아프다	美しい (うつくしい) 아름답다
うまい 맛있다, (잘하다)	うるさい 시끄럽다
面白い (おもしろい) 재미있다	辛い (からい) 맵다
可愛い (かわいい) 귀엽다	黄色い (きいろい) 노랗다
汚い (きたない) 더럽다	黒い (くろい) 검다
塩辛い (しおからい) 짜다	しぶい 떫다
白い (しろい) 하얗다	楽しい (たのしい) 즐겁다
無い (ない) 없다	苦い (にがい) 쓰다

※ 「痛い」의 사용법에 주의할 점이 있다. 「몸이 아파서 결석했다」라고 할 경우의 「몸이 아프다」를 「体が痛い」로 표현하는 경우가 있는데, 이때의 「痛い」는 육체적인 통증을 얘기한다. 따라서 위의 경우에는 「体の調子(ちょうし)が悪い」 또는 줄여서 「体調(たいちょう)が悪い」, 「具合(ぐあい)が悪

い」와 같이 「悪い」를 사용한다. 「うまい」가 「맛있다」일 경우에는 한국어도 형용사이지만, 「잘하다」일 때의 한국어 품사는 동사이다.

· 久しぶりに運動(うんどう)したら、筋肉(きんにく)が痛い。
(오랜만에 운동을 했더니 근육이 아프다)

· すみません、体(からだ)の調子が悪くて欠席(けっせき)しました。
(죄송합니다, 몸이 안 좋아서 결석하였습니다)

· 具合が悪くて休みました。 (컨디션이 안 좋아서 쉬었습니다)

· うわあ！この鰻丼(うなどん)、うまいねえ。 (우와, 이 장어덮밥, 맛있다!)

· サナちゃんは歌(うた)がうまいね。 (사나는 노래를 잘한다, 그치?)

◉ **「～いか, ～いですか」** (い형용사의 의문형)

い형용사의 의문형은 긍정형의 끝에 종조사 「か」를 붙여주면 된다. 단, 기본형에 직접 「か」를 붙이는 보통체 「おいしいか(맛있는가?)」는 약간 거칠게 들리기 때문에 오히려 종조사 없는 「おいしい？(맛있어?)」와 같은 형태가 더 부드럽다. 이와 같이 의문종조사를 사용하지 않을 때는 끝에 의문부호를 붙이고 끝을 올려서 읽는다. 공손한 의문형은 「～いですか」의 형태를 취하면 된다.

· そんな本がおもしろいか。 (그런 책이 재밌니?)

· 学校は駅(えき)から近い？ (학교는 역에서 가까워?)

· ここから郵便局(ゆうびんきょく)までは近いですか。 (여기에서 우체국까지는 가깝습니까?)

◉ 「~くない, ~くないです, ~くありません」(い형용사의 부정형)

い형용사의 어미 「い」를 「く」로 바꾸고 조동사 「ない」를 접속하면 부정형이 된다. 즉, 「おいしい+ない = おいしくない (맛없다)」가 된다. 공손하게 표현할 때는 「~くない」에 「です」만 붙이는 형태와 「~くありません」으로 바꾸는 두 가지 패턴이 있다.

· これは甘くない。 (이것은 달지 않다)

· これはおいしくないです。(=おいしくありません)
(이것은 맛있지 않습니다)

· 今日は忙しくありません。 (=忙しくないです)
(오늘은 바쁘지 않습니다)

· おもしろくないですか。 (=おもしろくありませんか)
(재미있지 않습니까?)

· このコーヒーはちょっと甘くありませんか。 (=甘くないですか)
(이 커피는 좀 달지 않습니까?)

· この時計は安くないです。 (=安くありません)
(이 시계는 싸지 않습니다)

◉ 「~かった, ~かったです」(い형용사의 과거형)

い형용사의 과거형은 어미 「い」를 「かっ」으로 바꾸고 과거의 조동사 「た」를 붙여서 「かった」로 표현한다. 「寒い(춥다)」의 경우, 「さむい+た = さむかった(추웠다)」가 되는 것이다. 공손한 표현은 「~かったです」이다. 여기를 「~いでした」로 하는 실수를 범하지 않도록 주의한다.

· ちょっと寒かった。 (좀 추웠다)

· 今日はとても寒かったです。 (오늘은 아주 추웠습니다)

· 彼の娘(むすめ)は可愛かったです。 (그 사람 딸은 귀여웠어요)

◉ 「～くなかった, ～くなかったです, ～くありませんでした」 (과거부정형)

い형용사의 과거부정형은 「～くない」를 「～くなかった」로 바꾼다. 「難しい+ない = 難しくない+た = 難しくなかった」. 공손한 형태는 「～くなかったです」와 「～くありませんでした」라는 두 가지 패턴이 있다.

· それはおいしくなかった。 (그것은 맛이 없었다)

· 昨日はあまり暑くなかったです。 (어제는 별로 덥지 않았습니다)

· 駅まではそんなに遠くありませんでした。 (역까지는 그렇게 멀지 않았습니다)

【い형용사의 연체수식형】

い형용사가 체언을 수식할 때는 기본형 그대로 수식한다. 「白い(하얗다)」가 「紙(종이)」를 수식할 때는 「白い紙(하얀 종이)」가 된다. 여기에서 「い형용사」라는 명칭이 부여되었다.

· あの長い髪(かみ)の女の人は誰ですか。 (저 긴 머리의 여자는 누구입니까?)

· 白い紙の上に将来(しょうらい)の希望(きぼう)を書(か)いてください。
  (하얀 종이 위에 장래의 희망을 써 주세요)

· この店(みせ)は高いものばかりですね。 (이 가게는 비싼 것뿐이네요)

【가정형】

일본어의 가정형을 만드는 기본적인 요소는 「ば, たら, なら, と」라는 네 가지가 사용된다. 이 중에서 い형용사에는 「ば, たら」가 일반적으로 쓰인다. 「ば」의 경우 어미 「い」를 「ければ」로 바꾸고, 「たら」의 경우 어미 「い」를 「かったら」로 바꾼다. 단, 「いい」는 「よければ」 「よかったら」로 변형한다.

安い	安**ければ**	おいしい	おいし**ければ**
新しい	新し**ければ**	いい	**よければ**

・多ければ多いほどいいです。 (많으면 많을수록 좋습니다)

・近ければ歩いて行きましょう。 (가까우면 걸어서 갑시다)

・もう少し安ければ買いたいんですが。 (조금 더 싸면 사고 싶은데요)

・高くなければ買いたいです。 (비싸지 않으면 사고 싶습니다)

・これで良(よ)ければあげますよ。 (이것으로 좋다면 드릴게요)

多い	多**かったら**	難しい	難し**かったら**
暗い	暗**かったら**	いい	**よかったら**

・部屋(へや)が暗かったら電気(でんき)をつけてください。 (방이 어두우면 전기를 켜 주세요)

・忙しかったら来なくてもいいですよ。 (바쁘면 오지 않아도 됩니다)

・多かったら残(のこ)してください。 (많으면 남기세요)

・寂(さび)しかったらお酒(さけ)でも飲みに行きましょう。 (외로우면 술이라도 마시러 갑시다)

・よかったら、コーヒーでも飲みませんか。(괜찮으면 커피라도 마시지 않겠습니까?)

【良い(いい, よい)】

「良い(좋다)」는 현대어에서 「よい」와 「いい」라는 두 가지 읽기가 있다. 원래의 읽기가 「よい」이고 「いい」는 나중에 파생된 읽기이다. 「良い」를 「いい」라고 읽을 수 있는 것은 어간과 어미가 항상 붙어 다닐 때, 즉 「いい」의 형태로만 사용된다. 어미가 활용을 하여 변하게 되면 어간도 더불어 원래의 형태인 「よ」로 되돌아간다.

- これ、食べてもいいよ。 (이것 먹어도 돼)
- それはいい本ですね。 (그것은 좋은 책이네요)
- この絵(え)はなかなかいいですね。 (이 그림은 꽤 좋네요)
- いいえ、そんなに良(よ)くありません。 (아니오, 그렇게 좋지 않습니다)
- テストの結果(けっか)は良(よ)かったですか。 (시험 결과는 좋았어요?)
- いいえ、あまり良(よ)くありませんでした。 (아뇨, 별로 좋지 않았습니다)
- もしよければコンサートに行きませんか。 (혹시 괜찮다면 콘서트에 안 갈래요?)
- 良(よ)かったら私の弁当(べんとう)も食べてください。 (괜찮다면 제 도시락도 드세요)

【중지법】

문장을 끝내기 전에 중간에서 잠깐 쉬어가면서 연결하는 형태를 중지법이라고 한다. い형용사의 중지법은 어미 「い」를 「く」로 바꾸고 「て」를 연결하여 「くて」의 형태로 많이 쓰인다. 딱딱한 문장에서는 「く」를 중지법으로 쓰기도 한다. 또한, 이것은 단순한 중지법일 수도 있고, 원인이나 이유를 나타내기도 한다.

- これは安くて、あれは高いです。 (이것은 싸고, 저것은 비쌉니다)
- アメリカは大きくて、韓国は小さいです。 (미국은 크고 한국은 작습니다)
- ここはうるさくて、勉強ができません。
  (여기는 시끄러워서 공부를 할 수 없습니다)
- とても面白(おもしろ)くて、一日(いちにち)で全部(ぜんぶ)読んでしまいました。
  (아주 재미있어서 하루에 전부 읽어 버렸습니다)
- この作品(さくひん)は構成(こうせい)も悪く、内容(ないよう)も面白くありませんね。
  (이 작품은 구성도 안 좋고, 내용도 재미가 없군요)

【접두사와 접미사】

い형용사에 접두사를 첨가하여 의미를 강조하는 수가 있다. 일반적으로 사용하는 것은 다음과 같다.

「素(す)」 : 보통 정도를 넘음 <素早(すばや)い 재빠르다>
「真(ま)」 : 참다운, 진실한, 바른 <真新(まあたら)しい 아주 새롭다>
「真(ま)っ」 : 아주, 완전히 <真(ま)っ白(しろ)い 새하얗다>
「真(ま)ん」 : 완전히, 정확히 <真(ま)ん丸(まる)い 아주 동그랗다>
「気(け)」 : 어쩐지, 왜 그런지 <気(け)だるい 어쩐지 나른하다>

· 動作(どうさ)が素早いですね。 (동작이 재빠르군요)

· あそこに真新しい建物(たてもの)が立(た)ちました。 (저기에 아주 새 건물이 들어섰습니다)

· 洗濯(せんたく)をしたら、真っ白くなりました。 (빨래를 했더니 새하얘졌습니다)

· びっくりして、目(め)が真ん丸くなった。 (깜짝 놀라서 눈이 아주 동그래졌다)

· 昼御飯(ひるごはん)をいっぱい食べたら、ちょっと気だるいですね。
(점심을 많이 먹었더니 좀 나른한데요)

형용사 「あまい」 「からい」가 「あま～」 「から～」와 같이 접두사처럼 쓰이는 경우가 있다. 약간 어려운 수준이지만 일본어에서 많이 사용되는 표현이니 알아두기 바란다.

예를 들어 「甘口(あまくち)」라고 하면, 「甘口の酒(부드러운 술)」와 같이 「비교적 단맛이 강하거나 순한 맛이나 그런 식품」을 가리키고, 「단것을 좋아하는 사람」을 뜻하기도 한다. 술보다는 단것을 좋아하는 사람에 대해서는 특히 「甘党(あまとう)」라는 표현을 즐겨 쓴다. 한편, 「辛口(からくち)」는 「辛口のカレー(매콤한 카레)」와 같이 「매콤하거나 쌉쌀하거나 독한 맛」을 나타내며, 그런 맛을 좋아하는 사람을 나타내기도 한다. 「辛党(からとう)」라

고 하면 「주당, 애주가, 술꾼」이라는 뜻이 된다.

동사에 접속하여 형용사를 만드는 접미사로는 「～やすい(～하기 쉽다), ～にくい(～하기 어렵다), ～づらい(～하기 곤란하다), ～がたい(～하기 힘들다)」가 많이 쓰인다. 전후 맥락을 보고 적절하게 번역하도록 한다.

· 間違いやすい漢字に注意してください。 (틀리기 쉬운 한자에 주의하세요)

· 字が小さくて、読みにくいですね。 (글자가 작아서 읽기 힘들군요)

· ちょっと言いづらいことですが、静かにしてくれませんか。
(말하기 좀 거북스럽습니다만, 조용히 해줄래요?)

· 彼が優勝するなんて、信じがたいですね。
(그 사람이 우승하다니, 믿기 어렵네요)

【부사적 용법과 동사화】

い형용사의 어미 「い」를 「く」로 바꾸면 부사적으로 사용할 수 있다. 또한 여기에 「なる」를 붙이면 い형용사의 변화의 과정을 나타내는 동사를 만들 수 있다.

· 壁を白く塗ってください。 (벽을 하얗게 칠해 주세요)

· もうちょっと細かく説明してください。 (좀 더 상세하게 설명해 주세요)

· ここを強く押してください。 (이곳을 세게 눌러 주세요)

· 物価がますます高くなりましたね。 (물가가 점점 비싸졌네요)

· 調味料を入れたらもっとおいしくなりました。
(조미료를 넣었더니 더 맛있어졌습니다)

이와 같이 い형용사를 부사적으로 사용할 때는 어미 「い」를 「く」로 바꾸는 것이 원칙인데, 근래에는 어미변화 없이 사용하는 경우도 있다. 「すごいおいしい。(굉장히 맛있다)」 「すごいおもしろい人だ。(굉장히 재미있는 사람이다)」 등으로 사용되는 「すごい(굉장하다)」와 같은 경우이다. 또한 원래 「위험하다」라는 뜻을 가진 「やばい」가 「この曲、やばいよ。(이 곡, 대단해)」「この料理、やばいね。(이 요리, 굉장히 맛있네)」와 같이, 「すごい」와 비슷하게 「굉장하다」라는 뜻의 긍정적인 강조에도 사용되는 경우가 있으니 참고하도록 한다. 이러한 용어들은 현재 「若者言葉(わかものことば, 청소년어)」로서 각종 사전에 새로운 의미로 추가하는 작업이 이루어지고 있다.

4-2 형용동사(な형용사)

형용동사는 자립어이며 활용을 하고 술어로 쓰인다. 형용동사는 학교문법에서 사용하는 용어이고, 일본어교육에서는 주로 「な형용사」라는 용어를 쓴다. 「な형용사」의 기본형 어미는 「だ」이다. 「な형용사」라는 용어는 형용동사가 명사를 수식할 때에 어미 「だ」가 「な」로 바뀌기 때문에 붙여진 명칭이다. 즉, 「静かだ(조용하다)」가 「部屋(방)」를 수식하면 「静かな部屋(조용한 방)」가 되며, 「安全だ(안전하다)」가 「場所(장소)」를 꾸미면 「安全な場所(안전한 장소)」가 된다.

な형용사의 기본형의 형태는 「~だ」이지만, 사전에는 어미를 제외한 어간만 실려 있다. な형용사에는 한자어가 많은데, 이들이 많은 경우 명사로도 사용되기 때문이다. 「명사와 같은 형용사」라 하여 한 때 「명용사」로 불린 적도 있다.

な형용사는 인물이나 사물의 상태나 감정 등을 나타내는 품사로 단독으로 술어가 될 수 있으며 연체수식어 등으로 사용된다. 기본적인 な형용사의 얼마간을 먼저 제시하도록 한다.

【기본적인 な형용사의 예】

安全だ（あんぜんだ）안전하다	嫌だ（いやだ）싫다
嫌いだ（きらいだ）싫어하다	綺麗だ（きれいだ）예쁘다, 깨끗하다
元気だ（げんきだ）건강하다	静かだ（しずかだ）조용하다
十分だ（じゅうぶんだ）충분하다	上手だ（じょうずだ）잘하다
丈夫だ（じょうぶだ）튼튼하다	好きだ（すきだ）좋아하다
大丈夫だ（だいじょうぶだ）괜찮다	大好きだ（だいすきだ）매우 좋아하다
大切だ（たいせつだ）중요하다	大変だ（たいへんだ）대단하다, 힘들다
にぎやかだ 번화하다	便利だ（べんりだ）편리하다

◉「**～だ, ～です**」(な형용사의 긍정형)

な형용사의 활용은 많은 경우 명사 표현법과 비슷하다. 어미「だ」로 끝나는 기본형은 보통체로 쓰이며, 공손형은 어간에「です」를 붙이면 된다.

· この部屋は静かだ。(이 방은 조용하다)

· この部屋は静かです。(이 방은 조용합니다)

· あの人はきれいですね。(저 사람은 예쁘군요)

· これで十分です。(이것으로 충분합니다)

· 日本語が大好きです。(일본어를 아주 좋아합니다)

◉ **「～か, ～ですか」** (な형용사의 의문형)

な형용사의 의문형은 명사와 마찬가지로 어간에 의문종조사 「か」를 붙이거나 「です」를 붙이면 된다. 단, 어간에 「か」를 직접 붙이는 의문형은 자주 쓰이지는 않고, 「～なの？」와 같은 스타일이 일반적으로 쓰인다. 어간에 「か」를 직접 붙이는 형태는 병립조사로도 사용된다.

· それで<u>十分か</u>。 (그것으로 충분하냐?)

· それで<u>十分なの</u>？ (그것으로 충분하니?)

· <u>好きか嫌いか</u>はっきりしなさい。 (좋은지 싫은지 분명히 해라)

· 東京は<u>にぎやかですか</u>。 (도쿄는 번화한가요?)

· そのスマホは<u>便利ですか</u>。 (그 스마트폰은 편리한가요?)

◉ **「～ではない, ～ではないです, ～ではありません」** (부정형)

な형용사의 부정형은 어미 「だ」를 「ではない」로 바꾼다. 예를 들면 「にぎやかだ+ない = にぎやかではない」의 형태가 된다. 이는 보통체의 표현이고, 공손한 형태는 「ではないです」와 「ではありません」이라는 두 가지 패턴이 있다. 「では」는 「じゃ」로 바뀔 수 있다.

· 彼はあまり<u>元気ではない</u>。 (그 사람은 별로 건강하지 않다)

· 彼はあまり<u>元気ではないです</u>。 (＝<u>元気ではありません</u>)
(그 사람은 별로 건강하지 않습니다)

· ワシントンは<u>にぎやかじゃないです</u>。 (＝<u>にぎやかじゃありません</u>)
(워싱턴은 번화하지 않습니다)

◉ **「～だった, ～でした」** (な형용사의 과거형)

な형용사의 과거형은 「だった」, 공손형은 「でした」로 표현한다.

· 彼女が持(も)ってきた花はきれいだった。 (그녀가 가지고 온 꽃은 예뻤다)

· 彼女が持ってきた花はきれいでした。 (그녀가 가지고 온 꽃은 예뻤습니다)

◉ 「～ではなかった, ～ではなかったです, ～ではありませんでした」

な형용사의 과거부정형은 「～ではなかった」, 공손형은 「～ではなかったです」와 「～ではありませんでした」가 있다.

· あの店はあまり親切ではなかった。 (저 가게는 그다지 친절하지 않았다)

· あの店はあまり親切ではありませんでした。(＝親切ではなかったです)
(저 가게는 그다지 친절하지 않았습니다)

【な형용사의 연체수식형】

な형용사가 명사와 같은 체언을 수식할 때는 어미 「だ」가 「な」로 바뀐다. 이것이 「な형용사」라는 명칭의 유래가 된다.

· 人参(にんじん)がきらいな人は食べなくてもいいです。
(당근을 싫어하는 사람은 먹지 않아도 됩니다)

· 勉強するときは静かな部屋がいいです。
(공부할 때는 조용한 방이 좋습니다)

· 大変な仕事(しごと)はしたくありません。 (힘든 일은 하고 싶지 않습니다)

【～ずき, ～ぎらい】

「好きだ」「きらいだ」의 어간 「すき」「きらい」가 「～ずき」「～ぎらい」의 형태로 명사형을 만드는 접미사의 역할을 하여 복합명사를 만드는 수가 있다.

「～ずき」는 「遊び好き, 男好き, 女好き, きれい好き, 子供好き, 世話好き, 話好き, 人好き, 物好き, 肉好き」 등의 예에서 볼 수 있듯이 주로 앞에 나온 것을 좋아하는 사람을 나타낸다.

・彼は遊び好きで勉強には全然関心(かんしん)がありません。
(그는 놀기를 좋아해서 공부에는 전혀 관심이 없습니다)

・彼女は話好きで、何時間も話しつづけます。
(그녀는 말하기를 좋아해서 몇 시간씩이나 계속해서 얘기합니다)

・肉(にく)ずきの彼は毎日牛丼(ぎゅうどん)ばかり食べていました。
(고기를 좋아하는 그는 매일 소고기덮밥만 먹고 있었습니다)

한편, 「~ぎらい」는 「男嫌い, 女嫌い, 食わず嫌い, 人嫌い, 負けず嫌い」 등의 예에서 볼 수 있듯이 주로 앞에 나온 것을 싫어하는 사람을 나타낸다.

・あの人は食(く)わず嫌いで、珍(めずら)しいものは食べようとしない。
(저 사람은 덮어놓고 싫어해서 진귀한 것은 먹으려고 하지 않는다)

・負(ま)けず嫌いな性格はいいこともあれば、悪いこともあるよ。
(유달리 지기 싫어하는 성격은 좋은 점도 있지만 나쁜 점도 있어)

【중지법】

な형용사의 중지법은 어미 「だ」를 「で」로 바꾼다. 중지법은 단순한 중지법으로서의 역할과 원인이나 이유를 나타내는 기능이 있다.

・この部屋は静かで、きれいです。 (이 방은 조용하고 깨끗합니다)

・この部屋はきれいで、気(き)に入(い)りました。
(이 방은 깨끗해서 마음에 들었습니다)

【가정형】

な형용사의 가정형은 어미 「だ」가 「なら」로 바뀐다. 원래는 「ならば」가 원형인데, 많은 경우 「ば」를 생략하고 「なら」만 사용한다. 특별히 강조하고 싶을 때는 「ならば」를 사용하여 강조하는 경우도 있다. 명사의 가정형도 な형용사와 동일하므로 같이 살펴보기로 한다. な형용사와 명사의 가정형은 「だったら(ば)」를 사용하는 경우도 있다.

ナ형용사	好きだ 十分だ	好き**なら(ば)**, 好き**だったら** 十分**なら(ば)**, 十分**だったら**

· 嫌いなら嫌いだと言ってください。 (싫으면 싫다고 말해주세요)

· 好きならいっぱい持っていってもいいですよ。
(좋아한다면 많이 가지고 가도 돼요)

· 検討(けんとう)が十分ならば、私に異存(いぞん)はありません。
(검토가 충분하다면 저에게 이의는 없습니다)

· 静かならいいですが、ここはあまり静かじゃなさそうですね。
(조용하다면 좋겠지만, 여기는 별로 조용하지 않은 것 같군요)

· 暇(ひま)だったら公園(こうえん)にでも行きましょう。 (시간이 있으면 공원에라도 갑시다)

명　사	英語 辞書	英語**なら(ば)**, 英語**だったら** 辞書**なら(ば)**, 辞書**だったら**

· ジュースなら飲みますが、コーヒーは飲みたくありません。
(주스라면 마시겠습니다만, 커피는 마시고 싶지 않습니다)

· 本なら買ってあげますよ。 (책이라면 사 줄게요)

· 雨だったら山登(やまのぼ)りは止めましょう。 (비가 오게 되면 등산은 그만둡시다)

【~が好きだ, ~が上手だ】

좋아하고 싫어하는 기호라든가 잘하고 못하는 능력과 관련되는 용어는 한국어로 「을, 를」로 해석이 되더라도 일본어는 기본적으로 조사 「が」를 쓰게 되어 있으므로 주의한다.

· 私は音楽を聞くのが好きです。 (저는 음악 듣는 것을 좋아합니다)

· 私は彼がきらいです。 (저는 그 사람을 싫어합니다)

· 彼は水泳が上手です。 (그 사람은 수영을 잘합니다)

· 彼女はフランス語が下手です。 (그녀는 프랑스어를 잘 못합니다)

· 田中さんは川釣(かわづ)りが得意(とくい)です。 (다나카씨는 민물낚시를 잘합니다)

· 僕は運動が不得意(ふとくい)です。 (저는 운동을 잘 못합니다)

【부사적 용법과 동사화】

な형용사의 어미 「だ」를 「に」로 바꾸어 부사적으로 사용할 수 있다. 또한 여기에 「なる」를 접속하면 な형용사의 변화의 과정을 나타내는 동사를 만들 수 있다.

· 穏(おだ)やかに暮(くら)しています。 (평온하게 생활하고 있습니다)

· 床(ゆか)がぴかぴかになるようにきれいに掃除(そうじ)をしました。
(바닥이 반짝반짝 빛나도록 깨끗하게 청소를 했습니다)

· 登山(とざん)に行ってきたらへとへとに疲(つか)れました。
(등산을 갔다 왔더니 몹시 피곤합니다)

· 教室の中がやっと静かになりました。 (교실 안이 간신히 조용해졌습니다)

· この辺(へん)もけっこうにぎやかになりましたね。 (이 부근도 꽤 번화해졌네요)

4-3 연체사

연체사(連体詞)는 독립된 품사이지만, 형용사적인 용법이 가장 많기 때문에 여기에서 같이 취급하기로 한다. 연체사는 항상 고정된 형태로 체언(명사류)을 수식하는 역할을 하는 품사를 말한다. 자립어이지만 활용은 하지 않는다. 한국어의 「새 옷」「순 우리말」에 쓰인 「새」「순」과 같은 관형사와 유사한 역할을 한다.

【~の의 형태】

지시사로 사용되는 「この(이), その(그), あの(저), どの(어느)」는 항상 체언을 수식하여 사용되는 연체사이다. 「~の」의 형태로 되어 있는 그 밖의 연체사에는 「ほんの(그저, 단지, 작은)」「例の(예의)」「当の(바로 그, 당면한)」 등이 있다.

· この本は文法の本です。 (이 책은 문법책입니다)

· ほんの気持ちだけですが、お受け取りください。
  (그저 마음뿐입니다만, 받아주세요)

· 例の件はどうなりましたか。 (예의 건은 어떻게 되었습니까?)

· 当の問題から解決して行きましょう。 (바로 그 문제부터 해결해 갑시다)

【~な의 형태】

지시사로 사용되는 「こんな(이런), そんな(그런), あんな(저런), どんな(어떤)」는 기본적으로 な형용사로 분류되지만, 체언을 수식하여 사용되는 경우가 일반적이기 때문에 연체사로 분류하기도 한다. 이와 같이 「~な」의 형태를 취하는 그 밖의 연체사에 「大きな(큰), 小さな(작은), おかしな(이상한), 主な(주된), いろんな(여러 가지의)」 등이 있다.

- そんなことは知りません。 (그런 것은 모릅니다)
- あそこに大きな木(き)がありますね。 (저기에 큰 나무가 있네요)
- 小さなことでくよくよするな。 (작은 것에 끙끙대지 마라)
- それはおかしな話ですね。 (그것은 이상한 이야기네요)
- 主(おも)なポイントをまとめてください。 (주요한 포인트를 종합해주세요)
- 若(わか)いときにいろんな経験(けいけん)をするといいですよ。
  (젊을 때 여러 가지 경험을 하는 게 좋아요)

지시사로 사용되는 연체사에는 「こういう(이러한), そういう(그러한), ああいう(저러한), どういう(어떠한)」 등도 있다.

- こういう場合(ばあい)はどうすればいいですか。
  (이러한 경우에는 어떻게 하면 되나요?)
- ああいう人は好きではありません。 (저런 사람은 좋아하지 않습니다)

【~る의 형태】

「~る」의 형태로 구성된 연체사에는 「あらゆる(모든), ある(어떤), とある(어느), いかなる(어떠한), きたる(오는), あくる(다음의), 単なる(단순한), さる(지난), いわゆる(소위, 이른바)」 등이 있다.

- あらゆる方面(ほうめん)を調(しら)べています。 (모든 방면을 조사하고 있습니다)

- ある日、森の中でくまさんに出会いました。
 (어느 날 숲속에서 곰아저씨와 마주쳤습니다)
- いかなる理由があっても欠席は欠席です。
 (어떤 이유가 있더라도 결석은 결석입니다)
- それは単なる言い訳に過ぎません。 (그것은 단순한 변명에 지나지 않습니다)
- それがいわゆる恋というものだ。 (그것이 소위 사랑이라는 것이다)

이 밖의 연체사에 「我が(나의, 우리의), 大した(대단한, 굉장한), とんだ(뜻밖의, 엉뚱한), 同(동), 同じ(같은), ただ(겨우, 단지)」 등이 있다.

- 我が国の人々は余裕がありません。 (우리나라 사람들은 여유가 없습니다)
- あの若さで社長とは大したものですね。
 (저 젊은 나이에 사장이라니 대단하군요)
- あいつはとんだ嘘つきです。 (저 녀석은 턱없는 거짓말쟁이예요)
- 同条件で契約をしましょう。 (동 조건으로 계약을 합시다)
- 裕子と幸子は同じ学校に通っています。
 (유코와 사치코는 같은 학교에 다니고 있습니다)
- ただ一人だけがその件に反対しました。
 (단 한사람만이 그 건에 반대하였습니다)

【연어(連語)】

복수의 단어로 형성되어 있지만 한 가지 형태의 단어처럼 사용되는 용어를 연어라고 한다. 비슷한 구조를 갖고 있더라도 「桜の花(벚꽃)」「梅の花(매화꽃)」「百合の花(백합꽃)」는 연어로 취급하고, 같은 과정을 거쳐 고정화된 「菜の花(유채꽃)」「雪の花(눈꽃)」와 같은 것은 한 단어로 간주하는 것처럼, 연어의 과정을 거쳐 단어화하는 경우도 있다.

◉ **「どうのこうの」** (이러니저러니)

· 今さらどうのこうの言ってもはじまりませんよ。
(이제 와서 이러니저러니 해 봤자 소용없어요)

◉ **「とうの昔(むかし)」** (오래 전)

· それはとうの昔のことになってしまいました。
(그것은 오래 전의 일이 되어버렸습니다)

◉ **「なければならない, なくてはいけない」** (~하지 않으면 안 된다)

이중부정형을 사용하여 의무감을 강조하는 연어표현에 「なければならない」와 「なくてはいけない」가 있다. 둘 다 「~하지 않으면 안 된다, 해야 한다」로 해석이 되는데 전자는 객관적으로 정해진 내용을 따라가는 의미가 강하고, 후자는 개인적인 감정을 실어서 강조하는 느낌이 강하다. 원래 「なければ」는 「ならない」와 같이 쓰이고, 「なくては」는 「いけない」와 호응하는 것이 원칙인데, 근래에는 「なければいけない」「なくてはならない」와 같이 섞여서 사용되는 경우도 많다.

· ルールは守(まも)らなければなりません。(룰은 지키지 않으면 안 됩니다)

· 歩きたばこはやめなくてはいけません。 (보행흡연은 해서는 안 됩니다)

・今日は早(はや)く帰(かえ)って母親(ははおや)を手伝(てつだ)わなければいけません。
(오늘은 빨리 집에 가서 어머니를 도와드리지 않으면 안 됩니다)

・レポートは金曜日までに出(だ)さなくてはなりません。
(리포트는 금요일까지 제출해야 합니다)

◉ **「なにか, なんか」** (뭔가, 무엇인가)

・なにか質問(しつもん)はありませんか。 (뭔가 질문은 없습니까?)

・なんか変(へん)な音(おと)がしましたよ。 (뭔가 이상한 소리가 들렸어요)

・お腹(なか)がすいたんだけど、何か食べませんか。
(배가 고픈데, 뭔가 먹지 않을래요?)

◉ **「何(なに)もかも」** (이것도 저것도, 무엇이든, 모조리)

・何もかも持っていきました。 (모조리 가지고 갔습니다)

◉ **「何(なん)でもかんでも」** (무엇이든지, 모두)

・彼は何でもかんでも知りたがっています。
(그는 무엇이든지 알고 싶어 합니다)

◉ **「何(なん)ともかんとも」** (이렇게도 저렇게도, 무엇이라고도)

・私は何ともかんとも言えない喜(よろこ)びを感じました。
(저는 뭐라고 말할 수 없는 기쁨을 느꼈습니다)

제5장 동사

동사는 활용을 하는 자립어로 문장의 술어가 된다. 동사에는 사람이나 사물의 동작이나 작용을 나타내는 용어뿐만 아니라 상태나 존재 등을 나타내는 용어도 포함된다. 일본어의 용언은 기본적으로 형태로 분류하기 때문이다.

형태상으로 볼 때, 현대일본어의 모든 동사의 기본형은 「う단」으로 끝난다. 학교문법에서는 동사를 「5단동사, 상1단동사, 하1단동사, か행변격동사, さ행변격동사」의 다섯 종류로 나누지만, 일본어교육에서는 주로 「1류동사, 2류동사, 3류동사」라는 세 가지로 나뉜다.

동사를 구분하는 방법에는 그 밖에도 여러 가지가 있다. 자동사와 타동사, 순간동사와 계속동사, 가능동사 등, 여러 가지로 분류해서 설명할 수 있다.

동사는 여러 가지의 복잡한 활용 형태를 갖는다. 먼저, 동사의 종류와 기본적인 활용 및 음편현상에 대해 살펴보고, 부정형, 진행형과 결과형, 가정형, 명령형, 의지 및 권유형 등에 대해 차례대로 학습하기로 한다.

5-1 동사의 종류와 활용

기본형이 う단으로 끝나는 동사는 의미를 나타내는 어간과 문법적 기능을 담당하는 어미 부분으로 되어 있다. 동사는 이 기본형의 형태를 기준으로 몇 가지의 종류로 나눌 수 있다. 일본어교육에서 사용하는 세 가지는 다음과 같다. 기본형의 종류에 따라 어미변화의 형태가 달라지므로 동사의 종류를 구분할 줄 알아야 한다.

【동사의 종류】

① 1류동사

1류동사를 일본의 학교문법에서는 「5단동사」라고 한다. 또한 1류동사는 1그룹동사, 자음간동사 등의 명칭으로 불리는 경우도 있다. 1류동사는 다음과 같은 형태가 있으며 동사 중에서 가장 많은 부분을 차지하고 있다.

- 기본형이 る로 끝나지 않는 것.
  예) 言(い)う　行(い)く　嗅(か)ぐ　指(さ)す　立(た)つ　飛(と)ぶ　話(はな)す　歌(うた)う

- 기본형이 る로 끝나면서 바로 앞의 모음이 /a, u, o/인 것. 즉 い단이나 え단이 아닌 것.
  예) 掛(か)かる　泊(と)まる　売(う)る　香(かお)る　始(はじ)まる

- 기본형이 る로 끝나고 る 바로 앞의 모음이 /i, e/, 즉 い단이나 え단인 것 중에서 예외적으로 취급되는 동사.
  예) 入(はい)る　帰(かえ)る　走(はし)る　みなぎる　要(い)る

② 2류동사

- 기본형이 る로 끝나면서 바로 앞의 모음이 /i, e/, 즉 い단이나 え단인 것. 이 중에서 전자를 학교문법에서는 상1단동사라 하고 후자를 하1단동사라고 하여 분리하고 있다. 예외적으로 1류동사에 속하는 동사를 제외한다. 2류동사는 2그룹동사, 모음간동사 등으로도 불린다.

  예) 起(お)きる　見(み)る　居(い)る　できる
  　　食(た)べる　始(はじ)める　変(か)える　寝(ね)る

③ 3류동사

- 어미변화가 불규칙한 것을 말한다. 3류동사는 「くる」와 「する」 두 개밖에 없다. 단, 이들이 보조동사나 「する동사」를 구성하는 경우에도 활용은 「くる, する」와 같은 방식으로 한다. 「くる」를 학교문법에서는 「か행변격동사」, 「する」를 「さ행변격동사」라고 하여 구분한다. 또한, 3류동사를 불규칙동사, 3그룹동사 등으로도 부른다.

  예) 来る(くる)　行ってくる
  　　する　運動(うんどう)する　出勤(しゅっきん)する

【동사의 ます형】

용언이 문법적 기능에 따라 어미가 바뀌는 것을 「활용」이라고 한다. 용언 중에서도 동사가 가장 광범위하게 어미변화를 한다.

동사에 조동사 「ます」, 그 부정형 「ません」이 연결될 때는 동사의 형태가 바뀌며, 「~습니다」, 「~지 않습니다」라는 공손한 형태를 나타낸다. 이와 같이 동사가 「ます」에 접속할 때의 형태가 가장 기본적인 활용이므로 이를 「ます형」이라고 하며, 학교문법에서는 「연용형」이라고 한다.

어미변화는 동사의 종류에 따라 다른 형태로 나타나는데, 「ます」의 경우 동사의 형태 변화는 다음과 같다. 일본어의 현재형은 시제로 봤을 때에 현재뿐만 아니라 미래나 의지를 나타낼 수도 있기 때문에 내용을 보고 번역하도록 한다.

① 1류동사 : 어미 う단을 い단으로 바꾸고 「ます」를 붙인다.

예) 行く + ます → **行き**ます

香る + ます → **香り**ます

<긍정>

· 私は毎日学校に行きます。 (저는 매일 학교에 갑니다)

· 鳥は空を飛びます。 (새는 하늘을 납니다)

· 今日は早く帰ります。 (오늘은 빨리 퇴근하겠습니다)

· そこまで行くのに3時間かかります。 (거기까지 가는 데에 3시간 걸립니다)

· 日本の歌を歌います。 (일본 노래를 부릅니다)

<부정>

· 今日は学校に行きません。 (오늘은 학교에 가지 않습니다)

· この花は全然香りませんね。 (이 꽃은 전혀 향기가 나지 않는군요)

· これは誰にも言いません。 (이것은 아무에게도 말하지 않겠습니다)

· あなたがいれば何も要りません。 (당신이 있으면 아무것도 필요 없습니다)

· そのお金では売りません。 (그 돈으로는 팔지 않겠습니다)

② 2류동사 : 어미 る를 없애고 「ます」를 붙인다.

예) 見る + ます → **見**ます

食べる + ます → **食べ**ます

<긍정>

· 私は毎朝7時に起きます。 (저는 매일 아침 7시에 일어납니다)

· 朝はパンを食べます。 (아침에는 빵을 먹습니다)

· 夜は映画(えいが)を見ます。 (밤에는 영화를 봅니다)

· あそこに女の人がいます。 (저기에 여자가 있습니다)

· 今から会議(かいぎ)を始めます。 (지금부터 회의를 시작하겠습니다)

<부정>

· 教室には誰もいません。 (교실에는 아무도 없습니다)

· 私はドラマを見ません。 (저는 드라마를 보지 않습니다)

· 朝は何も食べません。 (아침에는 아무것도 먹지 않습니다)

· なかなか授業を始めませんね。 (좀처럼 수업을 시작하지 않는군요)

· そんなこと、私にはできません。 (그런 것, 저로서는 할 수 없습니다)

③ 3류동사 : 형태가 불규칙하게 변한다.

「する」는 단독으로 쓰이는 경우도 많지만, 동작성명사에 후속하여 「する動詞(하다동사)」로도 많이 쓰인다. 「くる」는 본동사로서 뿐만 아니라 보조동사로도 다용된다.

예) くる ＋ ます → **き**ます

　　する ＋ ます → **し**ます

<긍정>

· あしたまた来ます。 (내일 다시 오겠습니다)

· 来月日本に行ってきます。 (다음 달에 일본에 다녀오겠습니다)

· それは私がします。 (그것은 제가 하겠습니다)

· 私は毎日運動をします。 (저는 매일 운동을 합니다)

· 明日から一生懸命(いっしょうけんめい)練習します。 (내일부터 열심히 연습하겠습니다)

<부정>

· まだ誰も来ませんね。 (아직 아무도 오지 않는군요)

· 誰も話をかけてきませんね。 (아무도 말을 걸어오지 않는군요)

· もうこれから欠席はしません。 (이제 앞으로 결석은 하지 않겠습니다)

· 彼は全然勉強をしません。 (그는 전혀 공부를 하지 않습니다)

· そのつまらない集(あつ)まりには参加(さんか)しません。
(그 쓸데없는 모임에는 참가하지 않겠습니다)

【ある와 いる】 (존재표현)

「있다」를 나타내는 존재표현에는 「ある」와 「いる」라는 두 가지 패턴이 있다. 「ある」는 사물이나 무생물, 식물의 존재를 주로 표현하고, 「いる」는 사람을 포함하여 살아 움직이는 생물체의 존재를 나타낸다. 「ある」의 부정형은 「ない」, 「いる」의 부정형은 「いない」이다. 공손한 긍정은 「あります」「います」, 공손한 부정은 「ありません」「いません」으로 표현한다.

· あそこに辞書(じしょ)がある。 (저기에 사전이 있다)

· 机(つくえ)の上には何もない。 (책상 위에는 아무것도 없다)

· ソファーの上に猫(ねこ)がいる。 (소파 위에 고양이가 있다)

· 部屋には誰もいない。 (방에는 아무도 없다)

· ここに本があります。 (여기에 책이 있습니다)

· お金がありません。 (돈이 없어요)

· 妹が二人います。 (여동생이 둘 있습니다)

· 教室には3人しかいません。 (교실에는 세 명밖에 없습니다)

5-2 동사의 음편현상

동사에 조사 「て」가 연결되어 「~하고, ~해서」와 같이 중지법으로 사용되는 경우가 많다. 「て」는 원래 동사의 연용형, 즉 ます형에 접속하는데, 동사의 종류에 따라서 어미의 형태가 ます형이 아닌 다른 형태로 바뀌는 경우가 있다. 이와 같은 현상을 음편현상이라고 한다. 「て」의 형태가 대표적이기 때문에 동사의 「て형」이라고도 한다.

동사의 음편현상은 1류동사에서만 발생하며, 1류동사의 거의 대부분에서 발생한다. 현대일본어의 동사는 모두 う단으로 끝나는데, 실제로 존재하는 동사의 어미 형태는 9가지이다. 이 중에서 「す」로 끝나는 동사 이외의 8가지에서 음편현상이 발생하는 것이다. て형이라고도 하는 이 음편현상은 과거형 「た(~었다)」와 병렬조사 「たり(~이기도 하고)」에서도 똑같이 발생하므로 같이 알아두면 편리하다.

① 촉음편(促音便)

- 1류동사 중에서 동사의 기본형이 「う・つ・る」로 끝나는 동사가 「て」「た」「たり」와 접속할 때는 「う・つ・る」가 촉음 「っ」로 바뀌어 「って」「った」「ったり」의 형태가 된다. 이것을 촉음편이라고 한다.

예) 払う + て → 払って
立つ + て → 立って
売る + て → 売って

・先(さき)にお金を払(はら)って、食べます。 (먼저 돈을 내고 먹습니다)

・あそこにかかしが立っています。 (저기에 허수아비가 서 있습니다)

・それを私に売ってください。 (그것을 저에게 팔아 주세요)

② 발음편(撥音便)

- 1류동사 중에서 동사의 기본형이 「ぬ・ぶ・む」로 끝나는 동사가 「て」「た」「たり」와 접속할 때는 「ぬ・ぶ・む」가 발음 「ん」으로 바뀌는데 이것을 발음편이라고 한다. 발음편의 경우는 「て」「た」「たり」에 탁점이 붙어 「んで」「んだ」「んだり」의 형태가 된다.

예) 死ぬ + て → 死んで
飛ぶ + て → 飛んで
読む + て → 読んで

· あそこにごきぶりが死んでいます。 (저기에 바퀴벌레가 죽어 있습니다)
· 鳥が空を飛んでいきます。 (새가 하늘을 날아갑니다)
· 部屋で本を読んでいます。 (방에서 책을 읽고 있습니다)

③ い음편(い音便)

- 1류동사 중에서 동사의 기본형이 「く・ぐ」로 끝나는 동사가 「て」「た」「たり」와 접속할 때에 「く・ぐ」가 「い」로 바뀌는 것을 い음편이라고 한다. 이때 「く」로 끝나는 동사는 「いて」「いた」「いたり」의 형태로, 「ぐ」로 끝나는 동사는 「いで」「いだ」「いだり」의 형태로 변한다.

예) 書く + て → 書いて
かぐ + て → かいで

· ここに住所と名前を書いてください。 (여기에 주소와 이름을 써주세요)
· この花のにおいをかいでみてください。 (이 꽃의 향기를 맡아보세요)

이상과 같이, 현대일본어의 동사 기본형 9가지 형태 중에서 8가지가 음편현상을 발생시킨다. 단, 1류동사 중에서 기본형이 「す」로 끝나는 동사는 음편현상이 발생하지 않는다. 음편현상이 발생하지 않는다는 것은 ま

す형과 같다는 것이다. 즉, 「す」로 끝나는 동사가 「ます」에 연결될 때는 「します」가 되는 것처럼, 「て」「た」「たり」에 연결될 때도 마찬가지로 「して」「した」「したり」가 된다는 것이다.

예) 指す ＋ て → 指して

· 目的地(もくてきち)を指(ゆび)で指(さ)してください。 (목적지를 손가락으로 가리켜주세요)

· 自分(じぶん)の意見(いけん)をきちんと話してください。 (자신의 의견을 확실히 말해주세요)

예외가 하나 있다. 1류동사인 「行く」는 「く」로 끝나지만 い음편을 하지 않고 예외로 촉음편을 하여 「いって」「いった」「いったり」가 된다.

예) 行く ＋ て → 行って

· 今日は図書館(としょかん)に行って勉強するつもりです。
(오늘은 도서관에 가서 공부할 생각입니다)

2류동사와 3류동사는 ます형과 동일하기 때문에 음편현상이 없다. 2류동사의 경우 기본형의 「る」를 없애고 「ます」를 붙이는 것과 마찬가지로 「て」「た」「たり」의 경우도 「る」를 없애고 「て」「た」「たり」를 붙인다.

예) 見る ＋ て → 見て
食べる ＋ て → 食べて

· この写真(しゃしん)を見て感想(かんそう)を言ってください。 (이 사진을 보고 감상을 말해주세요)

· いっぱいありますから、たくさん食べてください。(많이 있으니까, 많이 드세요)

3류동사는 어미변화가 불규칙한 것이지만, 「て」「た」「たり」에 접속할 때는 ます형과 마찬가지 형태에 「て」「た」「たり」만 붙이면 된다.

예) 来る + て → きて
　　する + て → して

· 夕べは友だちが来てお酒を飲みました。
(어젯밤에는 친구가 와서 술을 마셨습니다)

· 午前は洗濯(せんたく)をして、午後はテレビを見ます。
(오전에는 빨래를 하고, 오후에는 텔레비전을 봅니다)

【특수한 い음편】

현대일본어에서 「특수한 い음편」을 하는 동사가 5개 있다. 이들은 모두 경어에 속하는 동사인데 다음과 같다.

◉ いらっしゃる (いる, 行く, 来る의 높임말. 계시다, 가시다, 오시다)
　おっしゃる (言う의 높임말. 말씀하시다)
　くださる (くれる의 높임말. 주시다)
　なさる (する의 높임말. 하시다)
　ござる (ある, いる의 정중한 문말표현)

이들은 모두 1류동사에 속하는 동사인데, 「ます」에 연결될 때에 과거에는 규칙대로 어미 「る」가 「り」로 바뀌어 「ます」에 연결되었으나, 현대어에서는 모두 「い」로 바뀐다. 이것을 「특수한 い음편」이라고 한다.

· 先生(せんせい)は研究室(けんきゅうしつ)にいらっしゃいますか。 (선생님은 연구실에 계십니까?)

· おもしろいことをおっしゃいますね。 (재미있는 것을 말씀하시는군요)

· いつもいいアドバイスをしてくださいます。
(언제나 좋은 어드바이스를 해 주십니다)

· 社長(しゃちょう)は毎晩(まいばん)遅(おそ)くまで仕事をなさいます。
(사장님은 매일 밤 늦게까지 일을 하십니다)

· 本当にありがとうございます。 (정말로 감사합니다)

현대어에서 「ござる」는 항상 「ございます」의 형태로만 사용한다. 이 「ございます」를 제외한 이들 특수한 활용을 하는 동사는 명령형도 「い」로 변형하는데, 결과적으로 「ます」를 제외한 형태와 같게 된다.

· 早くこっちへいらっしゃい。 (빨리 이쪽으로 와요)

· 今日は刺身(さしみ)定食(ていしょく)をください。 (오늘은 회정식을 주세요)

· 本当のことをおっしゃい。 (사실을 말해요)

· 3分以内に答えを書きなさい。 (3분 이내로 답을 쓰시오)

단, 「ください」를 제외한 「いらっしゃい, おっしゃい, なさい」는 실제로 경어로 사용되기 보다는 친밀한 사이에서 허물없이 쓰는 표현이다. 특히 「なさい」는 「おやすみなさい」「おかえりなさい」「ごめんなさい」와 같은 인사말을 제외하고는 상당히 거친 반말투의 명령조가 될 수 있으니 주의를 요한다.

◉ **「〜てもいい」** (<허가> ~해도 된다)

· これ、食べてもいいよ。 (이거, 먹어도 돼)

· ちょっとペンを借りてもいいですか。 (펜을 좀 빌려도 되겠습니까?)

· これは自由に持っていってもいいですよ。 (이것은 자유롭게 가지고 가도 됩니다)

· ここではお金を払わなくてもいいです。 (여기에서는 돈을 내지 않아도 됩니다)

◉ **「〜てはいけない」** (<금지> ~해서는 안 된다)

· それに触(さわ)ってはいけないよ。 (그것을 만지면 안 돼)

· 大きな声で話してはいけないです。 (큰 소리로 얘기해서는 안 됩니다)

・そんなことを軽く言ってはいけません。
(그런 것을 가볍게 말해서는 안 됩니다)

・毎日お酒を飲んではいけません。 (매일 술을 마셔서는 안 됩니다)

5-3 동사의 부정형

동사에 「~이 아니다, ~않다」라는 부정을 나타낼 때는 조동사 「ない」를 사용한다. 「ない형」이라고도 한다. 「ない」는 동사뿐만 아니라, 앞서 살펴본 대로 명사, い형용사, な형용사 등에도 널리 쓰인다. 동사는 종류에 따라 각각의 형태 변화가 다르게 나타난다.

◎ 1류동사 : 어미 う단을 あ단으로 바꾸고 「ない」를 붙인다. 「う」로 끝나는 동사의 あ단은 「わ」이다.

・彼は本を読まない。(読む → 読まない)
(그는 책을 읽지 않는다)

・最近は手紙を書かない。(書く → 書かない)
(요즘에는 편지를 쓰지 않는다)

・何も買わない。(買う → 買わない)
(아무것도 사지 않는다)

◎ 2류동사 : 어미 「る」를 없애고 「ない」를 붙인다.

・彼女はテレビを見ない。(見る → 見ない)
(그녀는 텔레비전을 보지 않는다)

・お金が足りない。(足りる → 足りない)
(돈이 부족하다)

· ご飯も食べない。(食べる → 食べない)
(밥도 먹지 않는다)

◎ 3류동사 :「来る」는「来ない」로,「する」는「しない」로 변한다.「来ない(こない)」의 읽기에 주의한다.

· 彼は授業に出席(しゅっせき)しない。(出席する → 出席しない)
(그는 수업에 출석하지 않는다)

· まじめに勉強もしない。(する → しない)
(착실하게 공부도 하지 않는다)

· 今日もまだ来ないね。(来る → 来ない)
(오늘도 아직 오지 않는군)

위의 각 변화형에 조동사「です」를 붙이면 공손한 문말표현이 된다. 또한 이것은「ます」의 부정형인「ません형」으로 만들어서 표현할 수도 있다.

· 私は雑誌(ざっし)を読まないです。(＝私は雑誌を読みません)
(저는 잡지를 읽지 않습니다)

· 彼はドラマを見ないです。(＝彼はドラマを見ません)
(그는 드라마를 보지 않습니다)

· 朝は何も食べないです。(＝朝は何も食べません)
(아침에는 아무것도 먹지 않습니다)

· 彼女は何もしないですね。(＝彼女は何もしませんね)
(그녀는 아무것도 하지 않는군요)

· 田中さんは今日も来ないですね。(＝田中さんは今日も来ませんね)
(다나카씨는 오늘도 오지 않는군요)

【なくて와 ないで】

조동사 「ない」는 어미가 「い」의 형태를 하고 있기 때문에 중지법으로 사용될 때는 「なくて」를 사용한다. 그런데, 다른 い형용사나 い로 끝나는 조동사와 달리, 「ないで」라는 또 하나의 구문이 있다. 그리고 그 의미하는 바도 다르기 때문에 구분하여 사용하여야 한다.

먼저, 「なくて」의 특징은 다음과 같다.

① 모든 종류의 술어에 사용이 가능하다. 「~하지 않고」 「~이 아니라」로 해석한다.

· 今までのは序論(じょろん)にすぎなくて、これからが本論(ほんろん)です。
(지금까지 말한 것은 서론에 불과하고, 지금부터가 본론입니다)

· それはほしくなくて、あれがほしいです。
(그것은 갖고 싶지 않고, 저것을 갖고 싶어요)

· 来たのは太郎(たろう)ではなくて、次郎(じろう)だった。
(온 것은 다로가 아니라, 지로였다)

② 원인이나 이유를 나타낼 때 사용한다. 「~하지 않아서」로 해석한다. 이것이 「ないで」와 가장 큰 차이점이다.

· 思い通りに行かなくて、彼はハラハラした。
(생각대로 되지 않아서 그는 조바심을 냈다)

· お金を持っていなくて買えなかった。
(돈을 가지고 있지 않아서 살 수 없었다)

· あいつがいなくて、よかった。(그 녀석이 없어서 다행이다)

한편, 「ないで」의 특징은 다음과 같다.

① 동사에만 사용한다. 약간 딱딱한 문장에서는 「ないで」 대신에 「ず, ずに」로 바꿔 쓸 수 있다. 「~하지 않고」로 해석한다.

· 太郎が来ないで、次郎が来た。 (다로가 오지 않고, 지로가 왔다)

· いいことを話さないで、悪いことばかり話す。
(좋은 것을 말하지 않고 나쁜 것만 말한다)

· 彼は何も言わずに、もくもくとご飯を食べた。
(그는 아무것도 말하지 않고, 묵묵히 밥을 먹었다)

② 보조동사(いる, ある, おる, いく, くる, みる, おく, しまう, やる, あげる, もらう, くれる, いただく, くださる, さしあげる)에 이어질 때 사용한다.

· 寝ないで待っている。 (자지 않고 기다리고 있다)

· 彼女には本当のことを言わないでいた。
(그녀에게는 사실을 말하지 않았다)

· そんなばかなことは話さないでください。
(그런 바보 같은 것은 말하지 말아주세요)

③ 앞부분이 뒷부분을 수식할 때 사용한다. 「~하지 말고」로 해석한다.

· 本を見ないで答えてください。 (책을 보지 말고 대답하세요)

· 何も心配(しんぱい)しないで優雅(ゆうが)に暮(くら)してください。
(아무것도 걱정하지 말고 우아하게 생활해 주세요)

· 変なことを言わないで、まじめに聞きなさい。
(이상한 것을 말하지 말고, 진지하게 들어라)

【수수표현(授受表現)】

위의 보조동사로 사용되는 용어 중에서 「やる, あげる, くれる, もらう, いただく, くださる, さしあげる」는 주고받는 표현에 사용하는 동사로서 「수수동사」라고 한다. 보조동사는 본동사가 「~て」로 연결되어 사용하는 동사를 말한다. 「てやる, てあげる, てくれる, てもらう」는 보통체의 문장에 사용되고 「ていただく, てくださる, てさしあげる」는 경어체의 문장에서 사용된다. 「てもらう, ていただく」는 한국어에 없는 일본어 특유의 표현이기 때문에 번역하기가 매우 힘들지만, 일본어화자가 즐겨 쓰는 표현이므로 익혀두도록 한다. 경어에 대해서는 10장에서 학습한다.

· 私がやってあげますよ。 (내가 해 줄게요)

· ちょっと手伝ってくれますか。 (좀 도와줄래요?)

· 友だちにレポートを書いてもらいました。
(친구한테 리포트를 써 받았습니다 ⇒ 친구가 리포트를 써 주었습니다)

5-4 진행형과 결과형

동작이 진행 중인 것을 표현하는 것과 어떤 동작이 완료되고 나서 그 결과가 남아 있는 것을 표현하는 방법을 살펴보도록 하자. 진행형은 일반적으로 용어가 고정되어 있는데, 결과형은 상태형, 결과상태형 등 다른 용어가 사용되기도 한다. 진행형과 결과형을 이해하기 위해서는 먼저 자동사와 타동사를 구분해야 한다.

【자동사와 타동사】

자동사는 목적어와 같은 보어의 도움 없이도 문장을 완성할 수 있는 동사를 말하고, 타동사는 목적어와 같은 보어의 도움을 받아 문장을 완성하

는 동사를 말한다. 자동사는 주격조사 「が(이, 가)」, 타동사는 목적격조사 「を(을, 를)」를 대동하는 것이 일반적이다. 다만, 이것은 절대적이지는 않아서 자동사이지만 「を」를 취하는 동사도 있고, 「に」를 취하는 동사도 있다.

자동사	타동사	자동사	타동사
集まる	集める	起きる	起こす
下がる	下げる	過ぎる	過ごす
閉まる	閉める	治る	治す
決まる	決める	渡る	渡す
上がる	上げる	移る	移す
始まる	始める	下りる	下ろす
止まる	止める	立つ	立てる
曲がる	曲げる	続く	続ける
変わる	変える	育つ	育てる
入る	入れる	並ぶ	並べる

※ 자동사 「入る(はいる, 들어가다)」에 대응하는 타동사는 「入れる(いれる, 넣다)」이다. 「入れる」를 「はいれる」라고 읽으면 「はいる」의 가능동사로서 「들어갈 수 있다」라는 뜻이 되므로 주의한다.

◉ ~が+자동사

· 人が30人も集まりました。 (사람이 30명이나 모였습니다)

· ガソリンの値段(ねだん)がまた上がるらしいです。
(휘발유 값이 또 오르는 모양이에요)

· もうそろそろ授業が始まると思います。 (이제 슬슬 수업이 시작될 겁니다)

◉ ～を＋자동사

「立つ, 降りる, 出る, 離れる, 上る, 渡る, 歩く, 飛ぶ, 曲がる」와 같은 용어는 자동사이지만 조사 「を」를 동반한다.

· 席を立って、話してください。 (자리에서 일어서서 얘기해 주세요)

· 階段を降りて、右に曲がると事務室(じむしつ)があります。
(계단을 내려가서 오른쪽으로 돌아가면 사무실이 있습니다)

· 道を歩くときは左右(さゆう)をよく見てください。
(길을 걸을 때는 좌우를 잘 살펴주세요)

◉ ～に＋자동사

「会う, 触る, 乗る, 似る」와 같은 자동사는 조사 「に」를 동반한다. 「～에, ～으로」라는 조사로 사용되는 「へ」는 「e」로 읽는다.

· 今日は久しぶりに友達に会いました。
(오늘은 오래간만에 친구를 만났습니다)

· バスに乗って学校へ行きます。 (버스를 타고 학교에 갑니다)

· 絵に触ってはいけません。 (그림을 만져서는 안 됩니다)

· お母さんによく似ていますね。 (어머님을 많이 닮았네요)

◉ 자동사 する

「発展する, 発達する, 運動する, 参加する, 発芽する」와 같이 「する動詞」 중에는 자동사로 사용되는 것이 많다.

· 30年の間にずいぶんと発展しましたね。
(30년 사이에 굉장히 발전하였군요)

· 低気圧(ていきあつ)が発達しています。 (저기압이 발달해 있습니다)

· 稲がまったく発芽しませんね。 (벼가 전혀 발아하지 않는군요)

◉ 타동사

· 授業を続けましょう。 (수업을 계속합시다)

· これをポケットに入れてください。 (이것을 호주머니에 넣어주세요)

· この時計をあの部屋に移してください。(이 시계를 저 방으로 옮겨주세요)

· 冷たい風が入ってきますので、ドアを閉めました。
(차가운 바람이 들어와서 문을 닫았습니다)

· 野菜を育てるのも難しいですね。 (야채를 키우는 것도 어렵군요)

◉ 자타동사

「終わる, 開(あ)く, 増す, 触れる」와 같이 한 가지 형태의 동사가 자동사와 타동사 양쪽으로 사용되는 것이 있다. 「開く」는 「ひらく」라고 읽는 경우에도 「花がひらく(꽃이 피다 <자>)」, 「窓をひらく(창을 열다 <타>)」와 같이 자동사와 타동사 양쪽으로 사용된다.

· 後30分で授業が終わります。<자동사>
(30분 후에 수업이 끝납니다)

· では今日はこれで授業を終わります。<타동사>
(그럼 오늘은 이것으로 수업을 마치겠습니다)

· この店は何時まで開(あ)いていますか。<자동사>
(이 가게는 몇 시까지 열려 있습니까?)

· 口を開(あ)いて寝ています。<타동사>
(입을 벌리고 자고 있습니다)

자동사에 「~ている」 구문을 사용하면 내용에 따라 진행을 나타낼 수도 있고 결과 상태를 나타낼 수도 있다. 한편 타동사는 기본적으로 「ている」

구문이 동작의 진행을 나타내고, 「てある」가 결과 상태를 나타낸다.

【자동사 + ている】 : 진행

· 朝から2時間も歩いています。 (아침부터 두 시간이나 걷고 있습니다)

· 練習は今も続いています。 (연습은 지금도 이어지고 있습니다)

【자동사 + ている】 : 결과

· この部屋は鍵がかかっていますね。 (이 방은 자물쇠가 채워져 있네요)

· あの店はもう閉っています。 (저 가게는 벌써 닫혀 있습니다)

· 授業はもう始まっていますよ。 (수업은 이미 시작되었어요)

「そびえる(높이 솟다)」「似る(닮다)」와 같은 동사는 일반적으로 「ている」의 형태로 사용하여 결과를 나타낸다.

· 山梨県と静岡県の間に富士山がそびえています。
(야마나시현과 시즈오카현 사이에 후지산이 솟아 있습니다)

· 二つがよく似ていることを「うり二つ」と言います。
(두 가지가 아주 닮아 있는 것을 「우리후타츠(붕어빵)」라고 합니다)

【~を + 자동사 + ている】

· 道を歩いているのは猫ですね。<진행>
(길을 걷고 있는 것은 고양이군요)

· 鳥が空を飛んでいます。<진행>
(새가 하늘을 날고 있습니다)

· 子供たちが石橋を渡っています。<진행>
(아이들이 돌다리를 건너고 있습니다)

· 彼は既に会長の座を下りています。<결과>
(그는 이미 회장 자리를 물러나 있습니다)

【타동사 + ている】 : 진행

- カラオケで歌を歌っています。 (노래방에서 노래를 부르고 있습니다)
- 黒板(こくばん)に内容を書いています。 (칠판에 내용을 쓰고 있습니다)
- 彼はいつも同じことばかり話しているんですね。
  (그는 언제나 같은 것만 말하고 있군요)
- 今何を考えていますか。 (지금 무엇을 생각하고 있나요?)
- 彼は答弁(とうべん)を続けています。 (그는 답변을 계속하고 있습니다)

【타동사 + てある】 : 결과

동작이 끝난 후에 지속되고 있는 결과 상태를 나타낸다. 조사 「が」가 주로 쓰임에 주의한다.

- 試験の日程(にってい)が黒板に書いてあります。
  (시험 일정이 칠판에 쓰여 있습니다)
- 連絡(れんらく)はもうしてあります。 (연락은 벌써 해두었습니다)
- チケットは買ってあります。 (티켓은 사두었습니다)
- 料理の材料は洗ってあります。 (요리의 재료는 씻어두었습니다)
- この部屋は鍵がかけてありますね。 (이 방은 자물쇠가 걸려 있군요)

【～てある와 ～ておく】

「～てある」와 의미적으로 유사한 표현에 「～ておく」가 있다. 이것은 목적을 가지고 한 행위라는 것이 더욱 확실하게 나타나는 구문이다. 「～が～てある」는 현재형으로 써서 결과 상태를 나타내고, 「～を～ておく」는 단순 과거형으로 쓴다는 차이가 있다. 번역이 같아지는 경우도 있다.

A：注意事項が書いてあります。 (주의사항이 쓰여 있습니다)

B：注意事項を書いておきました。 (주의사항을 써 두었습니다)

A：お寿司はもう注文してあります。 (초밥은 벌써 주문해 두었습니다)

B：お寿司はもう注文しておきました。 (초밥은 벌써 주문해 두었습니다)

A：窓が閉めてあります。 (창문이 닫혀 있습니다)

B：窓を閉めておきました。 (창문을 닫아 두었습니다)

【순간동사와 계속동사】

동사를 순간동사와 계속동사로 분류하는 방식이 있다. 순간동사는 「立つ(서다), 座る(앉다), 落ちる(떨어지다), 着る(입다), 履く(はく, 신다), かぶる(쓰다), はめる(끼다), かける(걸다)」와 같이 동작이 짧은 시간에 끝나고 그 결과가 오래 남아 있는 동사를 말한다. 계속동사는 동사가 계속되고 있음을 나타내는 일반적인 동사이다. 순간동사에 「ている」가 접속되면 자동사인지 타동사인지에 관계없이 결과 상태를 나타낸다.

· あそこにお金が落ちていますね。<자동사>
(저기에 돈이 떨어져 있네요)

· あのベンチに座っている女の人は誰ですか。<자동사>
(저 벤치에 앉아 있는 여자는 누구입니까?)

· 彼女は眼鏡(めがね)をかけています。<타동사>
(그녀는 안경을 끼고 있습니다)

· 今日はすてきな服を着ていますね。<타동사>
(오늘은 멋진 옷을 입고 있군요)

· 彼は帽子(ぼうし)をかぶっています。<타동사>
(그는 모자를 쓰고 있습니다)

5-5 가정형

현대일본어에서 가정이나 조건을 나타내는 방법은 기본적으로 「ば, たら, なら, と」라는 네 가지가 있다.

【ば】

「ば」는 가장 기본적인 가정형을 만든다. 동사의 종류에 관계없이 모든 동사의 어미 う단을 え단으로 바꾸고 「ば」를 붙인다. 「ば」로 연결된 뒷문장이 이루어지려면 어떤 조건이 필요한가를 나타낸다. 그 조건을 「ば」의 앞 문장에 제시한다.

품 사	종 류	기본형	가정형
동 사	1류동사	読む	読**めば**
	2류동사	起きる	起き**れば**
		食べる	食べ**れば**
	3류동사	来る	来**れば**
		する	**すれば**

· これ、何と読めばいいですか。 (이것, 뭐라고 읽으면 되나요?)

· 明日何時に起きればいいんですか。 (내일 몇 시에 일어나면 되나요?)

· お腹がすいたらこれを食べればいいですよ。
(배가 고프면 이것을 먹으면 됩니다)

· もし彼が来ればにぎやかになると思います。
(혹시 그가 온다면 시끌벅적해질 거예요)

· 今はできませんが、勉強すればすぐ話せると思います。
(지금은 못합니다만, 공부하면 금방 말할 수 있을 거예요)

· どうすればドアが開くんですか。 (어떻게 하면 문이 열리나요?)

・このボタンを押せば開きます。 (이 버튼을 누르면 열립니다)

◉ **「～ば～ほど」** (～하면 ～할수록)

・するめは<u>かめばかむほど</u>味が出てきます。
(오징어는 씹으면 씹을수록 맛이 납니다)

・この絵は<u>見れば見るほど</u>意味が分からなくなってしまいます。
(이 그림은 보면 볼수록 무슨 뜻인지 모르겠습니다)

・スポーツは<u>練習すればするほど</u>上手になります。
(스포츠는 연습하면 할수록 능숙해집니다)

◉ **「～と言(い)えば」** (～라고 하면)

・<u>大学時代と言えば</u>合(ごう)コンを思い出します。
(대학시절로 말하자면 미팅이 생각납니다)

・<u>友情といえば</u>かんぽうの交わりが有名ですよね。
(우정이라고 하면 관포지교가 유명하지요)

◉ **「～さえ～ば」** (～만 ～하면)

・<u>彼女さえ来てくれれば</u>このパーティーは成功だと思います。
(그녀만 와준다면 이 파티는 성공일 거라고 생각합니다)

・英語なんか<u>時間さえあれば</u>できます。
(영어 정도야 시간만 있으면 할 수 있어요)

【たら】

「たら」는 과거의 조동사 「た」의 가정형에서 비롯된 것이다. 가정형은 미래를 나타내기 때문에 「たら」는 기본적으로 미래의 어느 시점에서 그 동작이 완료되었을 때 그 다음 행동을 한다는 의미로 쓰인다. 즉, 장래 어떤 일이 성립된 시점에서, 그 사실을 조건으로 제시하며 말할 때 사용한다.

예를 들어 「宿題が終わったら、テレビを見ます。(숙제가 끝나면 텔레비전을 볼 거예요)」라는 구문을 보면 말을 하는 시점에서는 아직 숙제가 끝나지 않았지만, 미래의 어느 시점에서 숙제가 완료된다는 전제하에서 그 다음 동작인 텔레비전을 시청한다는 것이다. 접속은 과거의 조동사 「た」와 같다.

· アメリカに着いたら電話してください。 (미국에 도착하거든 전화해주세요)

· 頭が痛くなったらこの薬を飲んでください。 (머리가 아프거든 이 약을 드세요)

· 卒業したらどこに就職するつもりですか。
(졸업하면 어디에 취직할 생각인가요?)

· 彼女に会ったら、よろしく伝えてください。
(그녀를 만나거든 안부 전해주세요)

· 吉岡(よしおか)さんの居場所(いばしょ)が分かったら、連絡してください。
(요시오카씨가 있는 곳을 알거든 연락주세요)

◉ **「～としたら」** (～라고 한다면)

· 私があなただとしたら、そんなバカなことはしないと思います。
(내가 당신이라면 그런 바보스런 짓은 하지 않을 거라고 생각합니다)

· もしこれを売るとしたら、いくらくらいもらえますか。
(만약 이것을 판다고 한다면 얼마나 받을 수 있겠습니까?)

◉ **「～ときたら」** (～라고 할 것 같으면)

일반적으로 부정적인 내용을 강조할 때 사용하는 구문이다.

· あのやつらときたら、俺(おれ)の言うことを全然聞かない。
(저 녀석들로 말하자면 내가 하는 말을 전혀 듣지 않는다)

· この子ときたら、一日中(いちにちじゅう)テレビばかり見ています。
(이 아이로 말할 것 같으면 하루 종일 텔레비전만 보고 있어요)

【なら】

「なら」는 「だ」의 가정형이다. 「なら」는 앞의 말을 전제로 세워서 뒤의 행동이나 표현이 성립한다는 것을 기본으로 한다. 즉, 기본적으로 상대방이 한 말을 받아서 그것을 조건으로 제시하며, 「なら」 뒷 문장에서 제안이나 조언을 덧붙인다. 예를 들면 「電気製品を安く買いたいんですが。(전기제품을 싸게 사고 싶은데요)」라는 말을 듣고, 「安く買うなら秋葉原へ行った方がいいですよ。(싸게 사려면 아키하바라에 가는 게 좋아요)」와 같이 제안할 때 사용하는 것이다. 동사와 い형용사의 연체형, な형용사의 어간과 체언에 직접 접속한다.

- 旅行に行くなら日本が一番です。 (여행을 간다면 일본이 최고입니다)
- やせたいなら食べなければいいです。
  (살을 빼고 싶으면 먹지 않으면 됩니다)
- 日本語が上手になりたいなら、毎日朗読(ろうどく)をするのがいいですよ。
  (일본어를 잘하고 싶다면 매일 낭독을 하는 것이 좋아요)
- もう少し静かならいいんですけどね。 (조금만 더 조용하다면 좋겠습니다만)
- 彼が書いた本ならほとんど読んでますよ。
  (그가 쓴 책이라면 거의 읽고 있어요)

◉ **「~ものなら」** (~하는 것이라면)

- 反論(はんろん)が<u>言えるものなら</u>言ってみなさい。 (반론을 말할 수 있다면 해봐요)
- <u>できるものなら</u>今すぐにでもあなたのところに行きたいです。
  (할 수만 있다면 지금 금방이라도 당신한테 가고 싶어요)

【と】

「と」는 「と」로 연결되는 앞 문장이 성립하면 자동적으로 「と」의 뒷부분이 성립하는 것을 기본으로 한다.

· このボタンを押すと動きます。 (이 버튼을 누르면 움직입니다)

· 塩(しお)を入れるとしょっぱくなります。 (소금을 넣으면 짜집니다)

· 寒くなるとスキヤキが食べたくなります。
(추워지면 스키야키를 먹고 싶어집니다)

5-6 명령형

누군가에게 뭔가를 하도록 명령하는 형태는 여러 가지가 있는데, 동사의 경우 기본적으로 어미변화에 의해 나타낸다.

◎ 1류동사 : 어미 う단을 え단으로 바꾸면 명령형이 된다.

· 俺の言うことを早く書け。 ＜書く → 書け＞
(내가 말하는 것을 빨리 써라)

· 聞いたことを正直に話せ。 ＜話す → 話せ＞
(들은 것을 솔직하게 말해라)

· つべこべ言わずにさっさと帰れ。 ＜帰る → 帰れ＞
(이러쿵저러쿵 잔말 말고 냉큼 돌아가라)

◎ 2류동사 : 어미 「る」를 없애고 「ろ」를 붙이거나 「よ」를 붙인다. 일반적으로는 「ろ」를 사용한다.

· 問題点がどこにあるか、隅々(すみずみ)までよく見ろ。 ＜見る → 見ろ＞
(문제점이 어디에 있는지, 구석구석까지 잘 봐라)

· ああだこうだ言わずに早く食べろ。 ＜食べる → 食べろ＞
(이렇다 저렇다 하지 말고 빨리 먹어라)

◎ 3류동사 : 「来(く)る」는 「来(こ)い」, 「する」는 「しろ」가 일반적으로 쓰이고 가끔 「せよ」가 사용되는 수가 있다. 읽는 법이 변하는 데에 주의한다.

· 3時までにここに来い。＜来る → 来い＞
(3시까지 여기로 와라)

· あれこれ考えないで、言われたとおりにしろ。 ＜する → しろ＞
(이것저것 생각하지 말고 하라는 대로 해라)

◉ 「～なさい」

이상과 같이 동사의 어미를 변형하는 명령형은 상당히 거칠게 들린다. 이보다는 약간 부드럽게 들리는 명령형으로 동사의 ます형에 접속하는 「なさい」가 있다. 「なさい」는 「なさる(하시다)」의 명령형이지만, 현대어에서는 인사말을 제외하면 높임말로는 사용되지 않는다. 줄여서 「な」까지만 말하면 오히려 부드러운 느낌이 든다.

· 次の問題を解(と)きなさい。 (다음 문제를 푸시오)

· 早く起きなさい。 (빨리 일어나)

· 明日はちょっと早めに来なさい。 (내일은 좀 일찍 오너라)

· こちらに座りな。 (이쪽으로 앉아봐)

· 少しは勉強もしな。 (조금은 공부도 해라)

◉ 「～て」

동사의 て형으로 끝내면 「なさい」보다 부드러운 어감을 주는 명령이나 의뢰형이 된다.

- これ、食べてみて。 (이거, 먹어봐)
- ちょっと黙(だま)っていて。 (좀 잠자코 있어)
- もっと近くまで来て。 (좀 더 가까이 와)

◉ 「～てください」

공손한 정도가 「です」「ます」와 동일선상에 있는 명령이나 의뢰형은 「～てください(～해 주세요, ～하세요)」이다. 「くださる(주시다)」는 존경어이지만, 그 명령형인 「ください」는 존경의 의미보다는 듣는 이에게 공손하게 하는 문말표현이다.

- 今から言うことをよく聞いてください。
  (지금부터 하는 얘기를 잘 들어주세요)
- 私がつけたキムチですが、ちょっと食べてみてください。
  (내가 담근 김치인데요, 좀 먹어보세요)
- そんなにせかさないでください。 (그렇게 재촉하지 마세요)

◉ 「お～ください」「ご～ください」

「～てください」를 한 단계 높여서 존경의 의미를 부여하고 싶을 때는 「お～ください」 또는 「ご～ください」를 사용한다. 「～」에는 동사의 ます형 또는 する동사의 어간부분이 들어간다.

- こちらにお名前とご住所をお書きください。
  (여기에 성함과 주소를 써 주십시오)
- 事務室を出る前にお電話ください。
  (사무실을 나서기 전에 전화해 주십시오)

· 大会の日程が決まったら、ご連絡ください。
(대회 일정이 잡히거든 연락해 주십시오)

◉ 「~な」 (금지명령)

동사의 기본형에 「~な」를 붙이면 「~하지 마라」라는 금지명령을 나타낸다. ます형에 「~な」를 붙이는 명령형이나, 감탄을 나타내는 종조사 「な」와 구분할 수 있어야 한다.

· それくらいで怒るな。 (그 정도로 화내지 마라)

· そんな大事なことを軽く言うな。 (그런 중요한 일을 가볍게 말하지 마라)

· カンニングをするな。 (커닝을 하지 마라)

5-7 의지 · 권유 · 추량

동사에 조동사 「う, よう」를 접속하면 의지나 권유 또는 추량을 나타내는 표현을 만들 수 있다. 단, 현대어에서 추량을 나타낼 때는 동사에 직접 사용하지 않고 동사활용형에 「だろう」를 덧붙인 형태가 자주 사용된다. 「う」는 1류동사에 사용하고, 「よう」는 2류동사와 3류동사에 사용한다. 의지를 나타내는지, 권유나 혹은 추량을 나타내는지는 문맥으로 파악하도록 한다.

① 1류동사 : 어미 う단을 お단으로 바꾸고 「う」를 붙인다.

· 明日四時に会おう。<会う → 会おう>
(내일 네 시에 만나자 <권유>)

· 今日は一杯飲もう。<飲む → 飲もう>
(오늘은 한잔 마시자 <권유>, 마셔야지 <의지>)

· 彼女も行くだろう。<行く → 行くだろう>
(그녀도 갈 것이다 <추량>)

② 2류동사 : 어미 「る」를 없애고 조동사 「よう」를 붙인다.

· 一緒に食べよう。(食べる → 食べよう)
(같이 먹자 <권유>)

· 明日は早く起きよう。(起きる → 起きよう)
(내일은 빨리 일어나야지 <의지>, 일어나자 <권유>)

· 今日もドラマを見るだろう。(見る → 見るだろう)
(오늘도 드라마를 보겠지 <추량>)

③ 3류동사 : 「来る」는 「来(こ)よう」, 「する」는 「しよう」로 변형한다. 「来る」의 읽기가 바뀌는 점에 주의한다.

· この店おいしいからまた来よう。<来る → 来よう>
(이 가게 맛있으니까 또 오자 <권유>, 와야지 <의지>)

· 今日は図書館で勉強しよう。<勉強する → 勉強しよう>
(오늘은 도서관에서 공부하자 <권유>, 공부해야지 <의지>)

· 彼女も来るだろう。<来る → 来るだろう>
(그녀도 올 것이다 <추량>)

· たまには掃除もするだろう。<する → するだろう>
(가끔은 청소도 하겠지 <추량>)

「ます」의 의지나 권유형은 「ましょう」의 형태로 표현하는데 이것은 주로 공손한 권유형을 만든다. 공손한 추측형은 「です」를 「でしょう」로 하여 나타낸다.

◉ 「～ましょう」(～합시다)

・今度の休みには日本語の小説を読みましょう。
(다음 휴일에는 일본어 소설을 읽읍시다)

・疲れたから今日は早めに寝ましょう。 (피곤하니까 오늘은 일찍 잡시다)

・一日10個ずつ日本語の単語を覚えましょう。
(하루에 10개씩 일본어 단어를 암기합시다)

・明日また来ましょう。 (내일 또 옵시다)

・これから一生懸命勉強しましょう。 (앞으로 열심히 공부합시다)

◉ 「～でしょう」(～겠지요)

・彼は明日も授業をサボるでしょう。 (그는 내일도 수업을 땡땡이치겠지요)

・彼女は今夜も酒を飲むでしょう。 (그녀는 오늘밤에도 술을 마시겠지요)

・いくら食欲がなくても、これなら食べるでしょう。
(아무리 식욕이 없어도 이거라면 먹겠지요)

◉ 「～(よ)うと思う」(～하려고 생각하다)

・彼女にラブレターを書こうと思います。
(그녀에게 러브레터를 쓰려고 생각합니다)

・今日は早く寝ようと思います。 (오늘은 빨리 자려고 생각합니다)

・週末に掃除しようと思っています。
(주말에 청소하려고 생각하고 있습니다)

5-8 가능형

「할 수 있다」는 가능을 나타내는 표현은 동사의 종류에 따라 달라진다. 가능의 뜻으로 사용될 때는 한국어 「을, 를」로 해석이 되더라도 일본어의 조사는 「が」를 쓰는 것이 원칙이다.

◎ 1류동사 : 1류동사는 기본형의 어미 う단을 え단으로 바꾸고 る를 붙여서 나타내는데 이것을 특별히 「가능동사」라고 한다. 가능동사를 포함하여 가능의 뜻을 나타내는 모든 형태를 가능형이라고 하는 경우도 있다.

· 私は一日10キロは歩けます。<歩く → 歩ける>
(나는 하루에 10킬로미터는 걸을 수 있습니다)

· 彼はフランス語も話せます。<話す → 話せる>
(그 사람은 프랑스어도 말할 수 있습니다)

· 今日は早く家に帰れます。(帰る → 帰れる)
(오늘은 일찍 집에 갈 수 있습니다)

◎ 2류동사 : 2류동사는 조동사 「られる」를 사용하여 가능의 뜻을 나타낸다.

· 朝早く起きられますか。＜起きる → 起きられる＞
(아침 일찍 일어날 수 있습니까?)

· 私は生ものが食べられます。＜食べる → 食べられる＞
(저는 날것을 먹을 수 있습니다)

◎ 3류동사 : 3류동사 중에서 「くる」는 조동사 「られる」를 사용하여 가능을 나타내고, 「する」는 「できる」라는 완전히 다른 동사를 사용한다.

· 来週も来られたら来てください。＜来る → 来られる＞
(다음 주에도 올 수 있으면 와 주세요)

· あなたは書道(しょどう)ができますか。＜する → できる＞
(당신은 서예를 할 수 있습니까?)

【ら抜きことば】 ら생략어

2류동사와 「来る」를 가능형으로 하려면 「られる」가 사용되는데, 근래의 젊은이를 중심으로 한 일본인들은 「ら」를 생략하고 「れる」만 사용하는 경우가 많다. 이것을 「ら抜き言葉(ら생략어)」라고 한다. 아직은 비문법이지만 문법화할 가능성이 충분히 있다. 단, 아직은 오용으로 취급하는 경우가 많으니 의식적으로 사용할 필요는 없다. 원어민이 사용할 때에 이해할 수 있도록 한다.

· 明日早く起きれますか。<起きられる → 起きれる>
(내일 일찍 일어날 수 있나요?)

· 私は生ものが食べれます。<食べられる → 食べれる>
(나는 날것을 먹을 수가 있습니다)

· 来週も来れたら来てください。<来られる → 来れる>
(다음 주도 올 수 있으면 와 주세요)

◉ **「～を～ことができる」** (～을 할 수가 있다)

동사의 기본형에 「～ことができる」를 접속하면 「～할 수가 있다」라는 가능의 뜻을 나타낸다. 동사의 종류에 상관없이 쓸 수 있고, 타동사의 조사는 「を」를 그대로 쓰면 된다.

· 私は日本語の歌を歌うことができます。
(나는 일본어로 된 노래를 부를 수가 있습니다)

· 朝早く起きることができます。 (아침 일찍 일어날 수가 있습니다)

· 私は生物を食べることができます。 (나는 날것을 먹을 수가 있습니다)

· 来週も来ることができます。 (다음 주도 올 수 있습니다)

· 私は料理をすることができます。 (저는 요리를 할 수 있습니다)

5-9 접미사

다음과 같이 동사 자체가 접미사로 사용되어 앞에 나온 동사에 의미를 더하는 것이 있다. 동사 이외의 접미사도 덧붙인다.

◉ **「~おわる」** (완결되다)

· ご飯を食べ終わったら片付けてください。
(밥을 다 먹거든 설거지하세요)

· 報告書は読みおわりましたが、意味がさっぱり分かりません。
(보고서는 다 읽었는데요, 뜻을 전혀 모르겠습니다)

· これを全部書き終わったら、帰ってもいいです。
(이것을 전부 다 쓰면 집에 가도 됩니다)

◉ **「~すぎる」** (너무~하다)

정도가 지나침을 나타내는 구문이다. 동사는 ます형에 접속하고 형용사는 어간에 연결한다. 「飲みすぎ(과음)」「食べすぎ(과식)」는 명사형으로도 자주 쓰인다.

· おしゃべりをしすぎて喉が痛いです。 (너무 많이 떠들었더니 목이 아프네요)

· 過激(かげき)に運動しすぎても良くないと思いますよ。
(과격하게 너무 운동을 많이 해도 좋지 않을 거예요)

· 友だちがいなくて寂しすぎます。 (친구가 없어서 너무 외로워요)

· 夕べの飲み過ぎで頭が痛いです。 (어젯밤의 과음 때문에 머리가 아파요)

· いくらいいものでも食べ過ぎはよくないと思いますよ。
(아무리 좋은 것이라도 과식은 좋지 않을 거라고 생각해요)

◉ **「～だす」** (～하기 시작하다)

· 急ににわか雨が降りだしました。 (갑자기 소나기가 내리기 시작했습니다)

· 黙っていた彼が、いきなり話し出しました。
(잠자코 있던 그 사람이 갑자기 말을 하기 시작하였습니다)

· 何を考えているのか、口笛(くちぶえ)を吹きだしました。
(무엇을 생각하고 있는지 휘파람을 불기 시작하였습니다)

◉ **「～つづける」** (계속～하다)

· 彼女たちはカラオケで3時間も歌い続けています。
(그녀들은 노래방에서 3시간이나 연속해서 노래를 부르고 있습니다)

· 肝心(かんじん)なのは、休まずにやりつづけることですよ。
(중요한 것은 쉬지 않고 계속 하는 거예요)

· 交際を2年間も要求しつづけることは迷惑(めいわく)でしょうね。
(교제를 2년씩이나 계속 요구하는 것은 민폐겠지요?)

◉ **「～とおす」** (끝까지～하다)

· 始めたからには最後までやりとおしてください。
(이왕 시작했으니 마지막까지 다 하도록 하세요)

· この本を読み通してから感想を聞かせてください。
(이 책을 다 읽고 나서 감상을 들려주세요)

・自分の主張だけを押し通すことはよくないことだと思いますが。
(자기의 주장만을 끝까지 밀고 나가는 것은 좋지 않다고 생각하는데요)

◉ **「~はじめる」** (~하기 시작하다)

「~だす」는 예상하지 못한 일이 갑자기 시작되는 것을 나타내는데 비하여 「~はじめる」는 급작스럽지 않은 일이 시작되거나 의지적인 시작을 나타낼 때에 사용한다.

・寒いと思ったら、雪が降り始めましたよ。
(춥다고 생각했는데, 눈이 내리기 시작했네요)

・一ヶ月前からテニスを習いはじめました。
(한 달 전부터 테니스를 배우기 시작하였습니다)

・一度小説を読みはじめると朝まで読むくせがあります。
(한 번 소설을 읽기 시작하면 아침까지 읽는 습관이 있습니다)

◉ **「~ばる」** (~처럼 되다, ~처럼 행동하다, ~을 차리다)

동사 「張る(はる : 도가 지나치다)」가 접미사화한 것으로 체언에 붙어서 동사를 만든다. 「意地っ張り(いじっぱり : 고집 부림, 고집통이)」와 같이 명사나 な형용사를 만드는 경우도 있다.

・カジュアルな集まりだから、そんなに形式張らなくてもいいんじゃありませんか。
(캐주얼한 모임이니까 그렇게 형식을 차리지 않아도 되지 않을까요?)

・あんまり欲張らない方がいいと思うよ。
(너무 욕심내지 않는 것이 좋다고 생각해)

・彼はなかなかの意地っ張り(いじっぱ)で困ります。
(그는 상당한 고집불통이어서 곤란합니다)

◉ **「～がる」**(～하게 생각하다, ～하고 싶어 하다, ～인 체하다)

「がる」는 그 자체가 동사는 아니지만, 형용사의 어간이나 명사 등에 붙어서 동사를 만드는 접미사이다. 이런 과정을 거쳐서 「粋がる, 嫌がる, 面白がる, 可愛がる, 悔しがる, 怖がる, 強がる」 등과 같이 이미 동사화되어 있는 단어도 많다. 「寒がり屋(추위를 많이 타는 사람)」「暑がり屋(더위를 많이 타는 사람)」「恥ずかしがり屋(부끄러움을 많이 타는 사람)」 등과 같이 「～하는 경향이 있는 성격」을 표현하기도 한다.

· 彼は銀メダルをとって、とてもうれしがっています。
(그는 은메달을 따서 아주 기뻐하고 있습니다)

· 妹も日本に行きたがっています。
(여동생도 일본에 가고 싶어 하고 있습니다)

· 彼はいつも粋(いき)がっているので気に入らないです。
(그는 언제나 세련된 체하기 때문에 마음에 들지 않습니다)

· 僕は寒がり屋で冬が大嫌いです。
(저는 추위를 많이 타는 사람이라서 겨울을 엄청 싫어합니다)

· 彼女は恥ずかしがり屋で人の前では歌えません。
(그녀는 부끄러움을 많이 타서 다른 사람 앞에서는 노래를 못합니다)

◉ **「～がち」**(～한 경향이 많음)

「がち」는 체언이나 동사의 ます형에 접속하여 「어떠한 일이 많거나, 경향이 많음」을 나타내는 접미사이다.

· 明日は曇(くも)りがちの天気になるでしょう。(내일은 주로 흐린 날씨가 되겠습니다)

· そういうふうに思いがちですが、実は違うんです。
(그렇게 생각하기 쉬운데, 실은 다릅니다)

· 彼女は遠慮(えんりょ)がちに手を差し伸べました。
(그녀는 조심스럽게 손을 내밀었습니다)

제6장 조사

조사(助詞)는 자립어와 결합하여 사용되며 자립어의 관계를 나타내거나 대상을 나타내거나 하는 부속어이다. 활용은 하지 않는다. 일본어에는 조사가 매우 다양하게 발달되어 있다. 이 조사가 자립어에 붙어 여러 가지 문법적인 기능을 하기 때문에 일본어는 한국어와 마찬가지로 「교착어」로 분류된다.

조사는 격조사, 부조사, 계조사, 접속조사, 종조사, 간투조사 등 여러 가지로 세분화된다. 이하에서는 편의상 각각의 그룹별로 모아서 해설을 한다. 단, 어느 조사에 속하는가에 대한 성격이 확실한 것이 있는 반면에 관점에 따라 해석을 달리하는 경우도 있다. 따라서 각각이 무슨 조사에 속하는가를 기계적으로 암기할 것이 아니라, 각 조사의 의미와 쓰임새를 파악하는 것이 더욱 중요하다.

6-1 격조사

격조사(格助詞)는 체언에 부속하여 그 체언이 문장 안에서 어떠한 역할을 하는지를 나타내는 조사이다. 주격조사 「が」, 목적격조사 「を」를 대표로 하여 「から, で, と, として, に, の, へ, や, より」 등을 들 수 있다.

【が】 ~이, ~가

· 田中さんが料理を作っています。 (다나카씨가 요리를 만들고 있습니다)

· 彼には私が話します。 (그에게는 제가 얘기하겠습니다)

· どれが一番いいですか。 (어느 것이 가장 좋습니까?)

「上手だ, うまい, 下手だ」와 같은 능력, 「好きだ, 嫌いだ」와 같은 기호, 「できる, わかる」와 같은 가능, 「ほしい, たい」와 같은 희망을 나타내는 용어의 경우, 한국어로는 「을, 를」로 해석이 되지만 일본어는 「が」를 사용하는 것이 원칙이다. (な형용사는 제4장 참조)

· 美子さんは料理<u>がうまい</u>です。 (요시코씨는 요리를 잘합니다)

· あなたは日本語<u>ができ</u>ますか。 (당신은 일본어를 할 줄 압니까?)

· この言葉の意味<u>が分かり</u>ますか。 (이 말의 뜻을 알겠습니까?)

· もう少し綺麗な物<u>がほしい</u>です。 (좀 더 예쁜 것을 갖고 싶어요)

· りんご<u>が食べたい</u>です。 (사과를 먹고 싶습니다)

【から】 ~부터, ~때문에

· 今日の授業は33ページからです。 (오늘 수업은 33페이지부터입니다)

· 明日からお酒は飲まないことにします。
(내일부터 술은 마시지 않기로 하겠습니다)

・5時から始まる講演(こうえん)のテーマは何ですか。
(5시부터 시작되는 강연 테마가 뭐예요?)

・コンサートが観客(かんきゃく)のクレームから中止になりました。
(콘서트가 관객의 클레임 때문에 중지되었습니다)

・実績(じっせき)アップから奨励賞(しょうれいしょう)をいただきました。
(실적증진에 의해 장려상을 받았습니다)

【で】 ～에서, ～으로

・あの人は道端(みちばた)で何をしているんですか。
(저 사람은 길가에서 무엇을 하고 있습니까?)

・お米でご飯を作ります。 (쌀로 밥을 짓습니다)

・2時間でできると思います。 (2시간에 할 수 있다고 생각합니다)

【と】 ～과, ～라고

「～と思う (～라고 생각하다)」「～と言う (～라고 하다)」의 꼴로도 많이 사용된다. 「～と言う (～라고 하다)」는 다른 사람의 말을 전달하거나 인용할 때에 쓰는 직접화법적인 기능도 갖고 있다.

・この前の日曜日にはクラスのみんなとピクニックに行きました。
(요전 일요일에는 반 모두와 소풍을 갔습니다)

・両国(りょうこく)の関係改善のためにやるべきことは何だと思いますか。
(양국의 관계개선을 위해 해야 할 일이 무엇이라고 생각합니까?)

・韓国語の「ミドドック」は日本語で「えぼや」と言います。
(한국어의 「미더덕」은 일본어로 「에보야」라고 합니다)

・彼女はお腹(なか)が痛いと言っています。 (그녀는 배가 아프다고 합니다)

· 昨日日本人と一緒にカラオケに行ったと言いました。
(어제 일본인과 함께 노래방에 갔다고 했습니다)

◉ **「~と~とどちら」** (~과 ~중에서 어느 쪽)

둘 중의 하나를 선택할 때 쓰는 구문이다. 이에 대한 대답은 「~より~のほうが」가 기본문형이다. 셋 이상에서 선택할 때는 「~の中でどれが (~중에서 어느 것이)」를 사용한다.

· お酒<u>と</u>ジュース<u>とどちら</u>にしますか。 (술과 주스 중에서 뭘로 하겠습니까?)

· おにぎり<u>と</u>寿司<u>とどちら</u>が好きですか。
(주먹밥과 초밥 중에서 어느 쪽을 좋아합니까?)

· 日本<u>と</u>韓国<u>とどちら</u>が大きいですか。
(일본과 한국 중에서 어느 쪽이 큽니까?)

【として】 ~로서

· ここは住宅地として最適ですね。 (여기는 주택지로서 최적이네요)

· 私としてはその意見に賛成できません。
(나로서는 그 의견에 찬성할 수 없습니다)

· 彼はチーフマネージャーとしての責任をとらなかった。
(그는 수석 매니저로서의 책임을 지지 않았다)

【に】 ~에, ~하러

· 教室の中に学生が35人います。 (교실 안에 학생이 35명 있습니다)

· 先生は明日も学校にいらっしゃいますか。
(선생님은 내일도 학교에 오십니까?)

· この前に貸したお金は何日に返してくれますか。
(요전에 빌려준 돈은 며칠에 돌려줄 건가요?)

· 母は買い物に行きました。 (어머니는 장보러 갔습니다)

자동사이지만 타동사처럼 쓰이는 「会う, 触る, 乗る, 似る」와 같은 동사는 「に」를 사용하여, 「社長に会う(사장님을 만나다)」「展示品に触る(전시품을 만지다)」「電車に乗る(전철을 타다)」「母親に似る(어머니를 닮다)」와 같이 표현한다. (제5장 동사 참조)

◉ **「~にする」** (~으로 (정)하다)

뭔가를 결정할 때 사용하는 구문이다.

· 飲み物は何にしますか。 (마실 것은 무엇으로 하겠습니까?)

· ビールとウィスキーとどちらにしますか。
(맥주와 위스키 중에서 무엇으로 할래요?)

· 次の海外旅行はどこにしますか。 (다음 해외여행은 어디로 할까요?)

· 私はオムライスにします。 (저는 오므라이스로 하겠습니다)

· 次回の講演会は来週の土曜日にします。
(다음 강연회는 다음 주 토요일로 하겠습니다)

· お酒は飲みたくないので、ジュースにします。
(술은 마시고 싶지 않으니 주스로 하겠습니다)

◉ **「~ようにする」** (~하도록 하다)

가능하면 그렇게 하고자 하는 화자의 의지를 나타낸다.

· 最近は朝早く起きるようにしています。
(요즘에는 아침 일찍 일어나도록 하고 있습니다)

· できれば朝ごはんもきちんと食べるようにしています。
(가능하면 아침밥도 제대로 먹도록 하고 있습니다)

· お酒は飲まないようにしています。
(술은 마시지 않도록 하고 있습니다)

◉ **「～ようになる」** (～하게 되다)

어떤 과정을 거친 결과, 어떠한 상황에 이르게 된 것을 나타낸다.

· 1キロメートルは泳げるようになりました。
(1킬로미터는 수영할 수 있게 되었습니다)

· だんだん日本語が話せるようになりました。
(점점 일본어를 말할 수 있게 되었습니다)

· 漢字も上手に書けるようになりました。 (한자도 잘 쓸 수 있게 되었습니다)

◉ **「～ことにする」** (～하기로 하다)

어떻게 하겠다는 화자의 적극적인 의지나 결심을 나타낸다.

· 今日から彼とは口を利かないことにしました。
(오늘부터 걔하고는 말을 하지 않기로 하였습니다)

· 明日の山登りには参加しないことにしました。
(내일 등산에는 참가하지 않기로 하였습니다)

· 毎日30分ずつ本を朗読することにしました。
(매일 30분씩 책을 낭독하기로 하였습니다)

◉ **「～ことになる」** (～하게 (결정) 되다)

나의 의지와는 무관하게 상황에 의해 그렇게 결정된 것을 나타낸다. 「結婚することになる(결혼하게 되다)」처럼 본인의 의지에 의한 것이더라도 상황에 의해 그렇게 되었다는 것을 겸손하게 전달하는 기능도 있다.

· 週末に東京へ出張に行くことになりました。
(주말에 도쿄에 출장 가게 되었습니다)

・展覧会(てんらんかい)には入場料(にゅうじょうりょう)を払うことになっています。
（전람회에는 입장료를 지불하게 되어 있습니다）

・この度、結婚することになりました。（이번에 결혼하게 되었습니다）

【の】 ～의, ～인

「の」는 소유격조사인데, 명사(체언)와 명사(체언)를 연결하는 기능을 갖는다 하여 「연체조사(連体助詞)」라고 하는 경우도 있다(준체조사에 대해서는 형식명사 참조). 연체조사에는 「の」 이외에 「自由が丘(じゆうがおか)」「我が家(わがや)」「我が国(わがくに)」와 같은 「が」도 존재한다.

・これは誰のかばんですか。（이것은 누구의 가방입니까?）

・日本の国鳥(こくちょう)はきじです。（일본의 국조는 꿩입니다）

・こちらはルームメートの鈴木さんです。（이분은 룸메이트인 스즈키씨입니다）

・自由が丘に我が家があります。（지유가오카에 우리 집이 있습니다）

・我が国は大きくないです。（우리나라는 크지 않습니다）

「A가 B한 C」라는 구문이 문장을 끝내지 않고, 「A가 B한 C는」과 같이 명사를 수식하여 명사구 전체가 주어가 되는 문장에서는 「が」를 쓰지 않고 「の」를 쓰는 것이 원칙이다. 그러나 근래에는 「が」를 쓰는 경우도 많이 늘고 있다.

・僕の好きな食べ物は寿司です。（내가 좋아하는 음식은 초밥입니다）

・僕が好きな食べ物は寿司です。（내가 좋아하는 음식은 초밥입니다）

・私の言いたいことはこの政策は間違っているということです。
（내가 말하고 싶은 것은 이 정책은 잘못되어 있다고 하는 것입니다）

・私が言いたいことはこの政策は間違っているということです。
（내가 말하고 싶은 것은 이 정책은 잘못되어 있다고 하는 것입니다）

· 日本語のできる人は誰でもいいです。
(일본어를 할 수 있는 사람은 누구든지 좋습니다)

· 日本語ができる人は誰でもいいです。
(일본어를 할 수 있는 사람은 누구든지 좋습니다)

【へ】 ～에, ～으로

※「へ」가 조사로 사용될 경우에는「e」로 읽는다.

· 明日も学校へ行きますか。 (내일도 학교에 갑니까?)

· 太陽は東から昇って、西の方へ沈みます。
(태양은 동쪽에서 떠서, 서쪽으로 집니다)

· かもめが一斉(いっせい)に空へ飛び立ちました。
(갈매기가 일제히 하늘로 날아갔습니다)

◉ **「に와 へ」** (～에)

「～에」에 해당하는 이동을 나타내는 일본어의 조사는「に」와「へ」가 주로 쓰인다.「に」는 목적지에 중심이 있고「へ」는 방향성에 중심이 있는 표현이지만「行く, 来る, 帰る, 戻る」와 같은 이동동사는 서로 바꿔 쓸 수 있다.

· 日曜日には学校の図書館に(＝へ)行って勉強をします。
(일요일에는 학교 도서관에 가서 공부를 합니다)

· 急いでこちらに(＝へ)来てください。 (서둘러서 이쪽으로 와 주세요)

· 春休みには久しぶりに故郷に(＝へ)帰ってゆっくりしてきます。
(봄방학 때는 오래간만에 고향에 가서 푹 쉬다 오겠습니다)

· 事務室に(＝へ)戻ったら報告書を書かなくてはいけません。
(사무실에 돌아가면 보고서를 써야 합니다)

【や】 ～와, ～이랑

앞서 나온 「と」와 마찬가지로 병렬을 나타내는 조사이다. 「や, と」 등을 병립조사 또는 병렬조사라고 하는 경우도 있다. 「と」로 나열된 것은 제시된 것이 전부라는 의미가 강하고, 「や」로 나열된 것은 그 외에도 더 있을 수 있다는 뉘앙스가 강하다. 따라서 「や」의 경우는 「など」와 더불어 쓰이는 경우가 많다.

· 筆箱の中には鉛筆やボールペンなどがあります。
(필통 안에는 연필과 볼펜 등이 있습니다)

· 消しゴムやホワイトなども入っています。
(지우개랑 화이트 등도 들어 있습니다)

· この会には日本人や韓国人や中国人などが入っています。
(이 모임에는 일본인하고 한국인하고 중국인 등이 들어 있습니다)

【より】 ～보다, ～밖에

· 美子さんより令子さんが可愛いです。
(요시코씨보다 레이코씨가 귀여워요)

· 思ったよりは簡単な作業ですね。 (생각한 것보다는 간단한 작업이네요)

· お金がなかったので、歩くより仕方がありませんでした。
(돈이 없었기 때문에 걸을 수밖에 없었습니다)

◉ 「～より～の方(ほう)が」 (～보다 ～쪽이)

둘 중의 하나를 선택하는 구문 「～と～とどちら」에 대한 대답으로 사용하는 기본 패턴이다. 단 「～のほう」를 생략하는 경우도 많고, 번역하지 않는 편이 좋을 때도 있다.

・北海道より沖縄(おきなわ)の方が暖かいです。
(홋카이도보다 오키나와 쪽이 따뜻합니다)

・バスケットボールよりテニスの方が好きです。
(농구보다 테니스 쪽을(=테니스를) 좋아합니다)

・マラソンより山登りのほうが楽しいです。
(마라톤보다 등산 (쪽)이 즐겁습니다)

・今日より明日の方が都合(つごう)がいいと思います。
(오늘보다 내일 (쪽)이 사정이 좋다고 생각합니다)

【を】 ~을, ~를

・毎日3時間ずつ日本語を勉強しています。
(매일 3시간씩 일본어를 공부하고 있습니다)

・空を飛ぶ鳥は気持ちいいでしょうね。 (하늘을 나는 새는 기분이 좋겠지요?)

・今日から朝寝坊(あさねぼう)をしないことにしました。
(오늘부터 늦잠을 자지 않기로 하였습니다)

6-2 부조사

부조사는 체언이나 부사 등 여러 가지 단어에 붙어 의미를 더하며 전체가 부사적으로 기능하는 조사이다. 부조사에는 「は」를 필두로 하여 「も, こそ, さえ, しか, だけ, でも, など, ばかり, まで」 등이 있다. 부조사에 관해서는 관점에 따라 견해의 차이가 많이 나타난다.

부조사는 주제를 나타내는 조사와 강조를 나타내는 조사로 구분하는 경우가 많다. 주제를 나타내는 조사는 「は」를 말하는데 계조사라고도 하며 「wa」로 읽는다. 「は」는 단어나 문절 등에 붙어서 그 범위를 한정하여 제시하거나 제목을 제시하여 서술의 범위를 정하는 역할을 한다. 또한 「は」

가 다른 것과의 대비를 나타낼 때는 강조조사에 속하게 되는데 더불어 제시하도록 한다.

【は】 ~은, ~는

· 加藤さんは歩いて会社に行きます。 (가토씨는 걸어서 회사에 갑니다)

· この書類は金曜日までに出さなくてはいけません。
(이 서류는 금요일까지 제출하지 않으면 안 됩니다)

· 札幌(さっぽろ)は涼しいですが、那覇(なは)は暑いです。 <대비>
(삿포로는 시원합니다만, 나하는 덥습니다)

강조를 나타내는 조사에는 「か, くらい, こそ, さえ, しか, すら, だけ, でも, など, のみ, ばかり, ほど, まで, も」 등이 있다.

【か】 ~인가, ~인지

· いつかまたお会いしましょう。 (언젠가 또 만납시다)

· 何か必要なものがありますか。 (뭔가 필요한 것이 있습니까?)

· あの人は日本人か中国人か良く分かりませんね。
(저 사람은 일본인인지 중국인인지 잘 모르겠군요)

◉ **「~かどうか」** (~인지 어떤지)

여러 가지 품사에 쓰일 수 있는 구문으로 불확실한 판단을 제시하고자 할 때 쓰는 표현이다.

· これを彼に言うべきかどうか悩んでいます。
(이것을 그 사람한테 말해야 할지 어떨지 고민하고 있습니다)

· 彼女が優しい人かどうか、僕には分かりません。
(그녀가 상냥한 사람인지 어떤지 저로서는 모르겠습니다)

・今度の休みに日本へ行くかどうか決めかねています。
(이번 휴가 때에 일본에 갈지 어떨지 결정을 못하고 있습니다)

◉「～かもしれない」(～일지도 모르다)

불확실하기는 하지만 가능성이 꽤 있어 보이는 사항을 얘기할 때 쓸 수 있는 구문이다. 「～かもしらない」로 잘못 쓰는 경우가 있으니 주의한다.

・彼は返事をしてくれないかもしれません。
(그 사람은 대답을 해 주지 않을지도 모릅니다)

・次回は田中さんが勝つかも知れませんね。
(다음번에는 다나카씨가 이길지도 모르겠군요)

・彼が言ったことはうそかもしれません。
(그 사람이 말한 것은 거짓말일지도 모릅니다)

【くらい】 ～정도, ～쯤

「くらい」는 「ぐらい」로 표기하고 발음되는 경우도 있다. 두 가지에 문법적인 차이나 의미적인 차이는 없으나 직전 음이 「ん」일 때에는 「ぐらい」가 사용되는 것이 일반적이다. 나중에 나올 「ほど」보다 대화체적이다.

・この絵葉書(えはがき)を3枚くらい買いましょうか。 (이 그림엽서를 3장 정도 살까요?)

・ここから駅までは何分ぐらいかかりますか。
(여기에서 역까지는 몇 분 정도 걸립니까?)

・明日の集合時間は何時くらいにしましょうか。
(내일 집합시간은 몇 시쯤으로 할까요?)

・これくらいの漢字は書けるでしょう。(이 정도의 한자는 쓸 수 있겠지요)

・こんなことくらい、朝飯前(あさめしまえ)だ。 (이런 것쯤이야, 누워서 떡먹기다)

【こそ】 ~야말로

· 今年こそ奨学金(しょうがくきん)がもらえるようにがんばります。
(올해야말로 장학금을 받을 수 있도록 노력하겠습니다)

· こちらこそよろしくお願いいたします。 (저야말로 잘 부탁드립니다)

【さえ】 ~조차, ~만

· あまりにも忙しくて休む時間さえありません。
(너무나 바빠서 쉴 시간조차 없습니다)

· あなたさえいてくれれば私は幸せです。
(당신만 있어 준다면 저는 행복합니다)

· 彼は暇さえあればゲームをしています。
(그는 틈만 있으면 게임을 하고 있습니다)

【しか】 ~밖에

「しか」는 부정표현을 동반하여 사용한다.

· これしか持っていないんですが、よろしいでしょうか。
(이것밖에 가지고 있지 않은데, 괜찮을까요?)

· 財布(さいふ)の中には三万円しかありません。
(지갑 안에는 삼만 엔밖에 없습니다)

· 私にはあなたしか愛せません。 (저로서는 당신밖에 사랑할 수 없습니다)

【すら】 ~조차, ~도

· 親にすら言えないこともあります。 (부모에게조차 말할 수 없는 것도 있습니다)

· このクイズは小学生ですら解ける問題です。
(이 퀴즈는 초등학생마저도 풀 수 있는 문제입니다)

【だけ】 ~만, ~뿐

・これだけやっておけば良さそうですね。 (이것만 해 두면 좋을 것 같군요)

・中村さんだけが本気で心配してくれた。
(나카무라씨만이 진심으로 걱정해 주었다)

・明日はできるだけ早く来てください。 (내일은 가능한 한 빨리 와 주세요)

・この問題が解けるのは彼だけしかいません。
(이 문제를 풀 수 있는 것은 그 사람밖에 없습니다)

・これは私だけができるプロジェクトです。
(이것은 나만이 할 수 있는 프로젝트입니다)

【でも】 ~라도, ~든지

・こんなことでも言わない限り、彼は気がつかないでしょう。
(이런 거라도 말하지 않는 한, 그 사람은 알아차리지 못할 거예요)

・いつでも遊びに来ていいですよ。 (언제든지 놀러 와도 좋아요)

・良かったら、これでも食べてください。 (괜찮다면 이거라도 드세요)

【など】 ~등, ~따위

비슷한 의미로 쓰이는 부조사에 「なんか」가 있다. 같은 의미로 사용하는 경우도 있지만, 「など」가 좀 더 소프트한 느낌이고 「なんか」는 거친 느낌이 드는 표현이다.

・この公園には三角形や四角形などの珍しい彫刻(ちょうこく)がいっぱいあります。
(이 공원에는 삼각형이랑 사각형 같은 진귀한 조각이 많이 있습니다)

・これなんかどうかしら。 (이런 것은 어떨까 몰라)

・お前なんかが口を挟(はさ)むものではない。 (너 따위가 끼어드는 게 아냐)

【のみ】 ～뿐, ～만

· 彼は一生懸命勉強して名声(めいせい)のみならず莫大(ばくだい)な財産(ざいさん)も手に入れた。
(그는 열심히 공부해서 명성뿐만 아니라 막대한 재산도 손에 넣었다)

· 成功(せいこう)するためにひたすら頑張(がんば)るのみです。
(성공하기 위하여 오로지 노력할 뿐입니다)

【ばかり】 ～뿐, ～만

· 冗談(じょうだん)ばかり言うんじゃないよ。 (농담만 할 거니?)

· テレビばかり見ていると、目に良くないよ。
(텔레비전만 보고 있으면 눈에 안 좋아)

【ほど】 ～정도, ～쯤, ～만큼

「くらい」에 비하여 약간 문장체적이다. 「～ば～ほど (～하면 ～할수록)」의 형태로 비례하는 정도를 나타낸다.

· それほど好きでもないよ。 (그렇게 좋아하지도 않아)

· 心配するほどでもありません。 (걱정할 정도도 아니에요)

· 一週間ほど前に連絡をしておきました。
(일주일 정도 전에 연락을 해 두었습니다)

· 目は口ほどに物を言う。 (눈빛은 말 이상으로 마음을 말한다)

◉ **「～ば～ほど」** (～하면 ～할수록)

· 友だちと遊ぶことを<u>思えば思うほど</u>うきうきします。
(친구하고 놀 것을 생각하면 생각할수록 신이 납니다)

· このゲームは<u>やればやるほど</u>おもしろくなります。
(이 게임은 하면 할수록 재밌어집니다)

· <u>見れば見るほど</u>美しい景色(けしき)ですね。 (보면 볼수록 아름다운 경치군요)

◉ 「~ほど~ない」 (~만큼 ~않다)

· 日本語は英語ほど難しくないです。 (일본어는 영어만큼 어렵지 않습니다)

· 韓国は日本ほど長くないです。 (한국은 일본만큼 길지 않습니다)

· 四国(しこく)は沖縄(おきなわ)ほど暑くありません。 (시코쿠는 오키나와만큼 덥지 않습니다)

【まで, までに】 ~까지

「まで」와 비슷한 「までに」가 있다. 둘 다 한국어로는 「~까지」로 번역되는데 구분해야 한다. 「まで」는 정해진 기간 내의 계속적인 시간을 나타내고, 「までに」는 동작이 어느 시점에서 완료되는 순간을 나타낸다. 즉, 전자는 표현되는 기간 계속되는 것을 말하고, 후자는 종점이 정해져 있고 그 종점까지 이르는 시간의 아무 때나 동작이 행해지면 그 동작은 완료되는 것을 나타낸다.

· 授業は1時から3時までです。 (수업은 1시부터 3시까지입니다)

· レポートの提出(ていしゅつ)期限(きげん)は明日までです。 (리포트 제출마감은 내일까지입니다)

· 明日6時までに出してください。 (내일 6시까지 제출해 주세요)

· 明日3時までに事務室に来てください。 (내일 3시까지 사무실로 와 주세요)

· 8時まで会社にいますので、その時までに書類を届(とど)けてください。
(8시까지 회사에 있으니까, 그 때까지 서류를 갖다 주세요)

【も】 ~도, ~이나

· 私も一緒に行きたいです。 (저도 같이 가고 싶어요)

· ポケットの中には一円もありません。 (호주머니 안에는 1엔도 없습니다)

· そのテキストは3万ウォンもします。 (그 교재는 3만원이나 합니다)

6-3 접속조사

접속조사는 주로 활용어에 붙어 각 문장을 이어주는 역할을 한다. 접속조사에는 「が, から, けれども, し, たり, て, ても, と, ながら, ので, のに, ば」 등이 있다.

【が】 ~이지만, ~인데

· 彼は勉強はできますが、人間性はだめです。
(그는 공부는 잘합니다만, 인간성은 못됐습니다)

· 彼女は歌も上手ですが、踊(おど)りも上手です。
(그녀는 노래도 잘합니다만, 춤도 잘 춥니다)

· 何回もデートに誘いましたが、彼女は応じませんでした。
(몇 번이나 데이트하자고 하였으나 그녀는 응하지 않았습니다)

【から】 ~이니까, ~하니까

· これは古いですから、新しいものに取り替えましょう。
(이것은 오래됐으니까 새것으로 교체합시다)

· 朝はとても寒いからコートを着て行きなさい。
(아침은 아주 추우니까 코트를 입고 가도록 해라)

· 次は僕が出るから覚悟(かくご)しておけ。
(다음은 내가 나설 테니까 각오하고 있어라)

【けれども】 ~이지만, ~인데

「けれども」는 대화체에서 「けれど」「けど」 등으로 축약되어 사용되는 경우가 많다.

· 僕はそう思わないですけれども、おかしいですね。
(나는 그렇게 생각하지 않는데, 이상하군요)

· 外は寒いけれど、部屋の中はぽかぽかです。
(밖은 춥지만 방 안은 따끈따끈합니다)

· 吉田ですけど、奈美子さん家にいますか。
(요시다인데요, 나미코씨 집에 있나요?)

【し】 ~이고, ~하고

· この店は安いし、おいしいし、雰囲気もいいです。
(이 가게는 싸고 맛있고 분위기도 좋습니다)

· 夏休みには海にも行くし、山にも行くし、いろいろ忙しいです。
(여름방학 때는 바다에도 가고 산에도 가고 여러 가지로 바쁩니다)

· これは日本語の本だし、あれは英語の本です。
(이것은 일본어 책이고, 저것은 영어 책입니다)

【たり】 ~하기도 하고, ~하거나

· 日曜日は掃除をしたり、洗濯をしたりします。
(일요일에는 청소를 하기도 하고 빨래를 하기도 합니다)

· 夕食(ゆうしょく)は家で食べたり、外食(がいしょく)をしたりします。
(저녁밥은 집에서 먹기도 하고 외식을 하기도 합니다)

· 彼女と会った時はお酒を飲んだり、歌を歌ったりします。
(그녀와 만났을 때는 술을 마시거나, 노래를 부르거나 합니다)

【て】 ~하고, ~해서

동사에는 「て」가 사용되지만 음편현상으로 인해 「で」로 변화하는 경우가 있고, い형용사의 경우는 「くて」가 된다. 명사와 な형용사는 「で」로 연결한다.

· 夜はご飯を食べて、テレビを見て、寝ます。
(밤에는 밥을 먹고 텔레비전을 보고 잡니다)

· 図書館で本を読んで帰ります。 (도서관에서 책을 읽고 가겠습니다)

· 美味しくて全部食べました。 (맛있어서 전부 먹었습니다)

· あまりにも静かで誰もいないかと思いました。
(너무 조용해서 아무도 없는 줄 알았습니다)

· これは私の本で、あれは田中さんの本です。
(이것은 제 책이고, 저것은 다나카씨의 책입니다)

◉ **「～てはいけない」** (～하면 안 된다)

· 授業中に寝てはいけません。 (수업 중에 자면 안 됩니다)

· ここにごみを捨ててはいけないですよ。 (여기에 쓰레기를 버리면 안 되지요)

· 一遍(いっぺん)に飲んではいけないです。 (단번에 마시면 안 됩니다)

【てから】 ～하고 나서

「て」에 「から」가 접속한 「てから」가 있다. 「て」도 기본적으로 나열된 순서적으로 행동이 취해지는 경우가 많지만, 「てから」는 그 전후관계가 더욱 명확하다.

· ご飯を食べてから風呂に入ります。 (밥을 먹고 나서 목욕을 합니다)

· 風呂に入ってからご飯を食べます。 (목욕을 하고 나서 밥을 먹습니다)

· まず電話で連絡をしてから来てください。
(먼저 전화로 연락을 하고 나서 오세요)

단, 전후의 순서가 상식적으로 거의 정해져 있는 경우에는 순서가 확실하더라도 「てから」를 쓰지 않고 「て」를 쓴다.

· ラーメンを<u>作って</u>食べました。 (라면을 끓여 먹었습니다)

· デパートへ<u>行って</u>買い物をしました。 (백화점에 가서 쇼핑을 하였습니다)

· 薬屋さんに<u>行って</u>薬を買いました。(약국에 가서 약을 샀습니다)

【ても】 ~하여도, ~하더라도

이것도 「て」형과 마찬가지로 음편현상이 발생하고, い형용사는 「くても」, 명사와 な형용사는 「でも」로 접속한다. 「いくら~ても (아무리 ~해도)」의 꼴로도 많이 쓰인다.

· いくら勉強しても成績が上がりません。
(아무리 공부해도 성적이 오르지 않습니다)

· いくら頼んでもお金を貸してくれません。
(아무리 부탁해도 돈을 빌려주지 않습니다)

· いくら安くても買いたくありません。 (아무리 싸더라도 사고 싶지 않습니다)

· 英語が下手でもかまいません。 (영어가 서툴러도 상관없습니다)

【と】 ~하면, ~하니

· お金を入れて、ボタンを押すとジュースが出てきます。
(돈을 넣고 버튼을 누르면 주스가 나옵니다)

· 熱帯夜(ねったいや)が続くと夜は大変ですね。 (열대야가 이어지면 밤에는 힘들지요)

· 3月になると新学期が始まります。 (3월이 되면 신학기가 시작됩니다)

【ながら】 ~하면서, ~이지만

동사의 ます형에 접속하여, 어떤 동작을 행할 때에 그와 함께 하는 다른 동작을 연결하는 것이다. 동시동작을 나타내는 것이 기본이지만, 앞의 말에 비추어볼 때 그렇게 되는 것이 이상하거나 어울리지 않을 때에도 사용한다. 이때는 형용사나 명사 등에도 사용할 수 있다.

◉ 「**～ながら**」（～하면서）

・テレビを見ながらご飯を食べています。
（텔레비전을 보면서 밥을 먹고 있습니다）

・お酒を飲みながら歌を歌っています。
（술을 마시면서 노래를 부르고 있습니다）

・天気がいいから、散歩をしながら話をしましょう。
（날씨가 좋으니까, 산책을 하면서 이야기를 합시다）

・彼女はアイスクリームを食べながら電話をかけています。
（그녀는 아이스크림을 먹으면서 전화를 걸고 있습니다）

・新聞を読みながら音楽を聞いています。
（신문을 보면서 음악을 듣고 있습니다）

◉ 「**～ながら**」（～이지만, ～이면서）

・彼は内容を知っていながら黙っています。
（그는 내용을 알고 있으면서 잠자코 있습니다）

・吉田さんはたくさんお金がありながら、あまり使おうとしません。
（요시다씨는 돈이 많이 있으면서 별로 쓰려고 하지 않습니다）

・彼女は嫌だ嫌だと言いながらも、一曲歌った。
（그녀는 싫어 싫어 하면서도 한 곡 불렀다）

・あの選手は小さいながら、すごい力があります。
（저 선수는 작지만 굉장한 힘이 있습니다）

・この機械(きかい)は小型(こがた)ながら、機能(きのう)は優れています。
（이 기계는 소형이지만 기능은 뛰어납니다）

【ので】 ～이므로, ～때문에

「から」와 더불어 원인이나 이유를 나타내는 대표적인 조사인데 「から」가 주관적인 내용의 서술에 주로 사용되는 반면, 「ので」는 객관적인 경우에 주로 쓰이며 이유를 설명할 때도 사용한다. 회화체에서는 「んで」로 변형되기도 한다.

· お酒を飲みすぎたので頭が痛くなりました。
(술을 너무 많이 마셔서 머리가 아파졌어요)

· 朝寝坊をしたので、授業に遅れました。
(늦잠을 잤기 때문에 수업에 늦었습니다)

· 今はできないんで、ちょっと待っていてください。
(지금은 할 수 없으니 좀 기다리고 있어 주세요)

【のに】 ~인데도

· せっかく美味しいものを食べに行ったのに、店が閉っていた。
(모처럼 맛있는 것을 먹으러 갔는데, 가게가 닫혀 있었다)

· 寒いのに、あの人は半袖姿(はんそでsugata)ですね。
(추운데 저 사람은 반소매차림이네요)

· あんなに説明したのに、まだ分かりませんか。
(그렇게 설명했는데 아직도 모르겠습니까?)

【ば】 ~하면

· 練習すれば上手になりますよ。 (연습하면 능숙해질 거예요)

· 美味しくなければ食べなくてもいいですよ。
(맛있지 않으면 먹지 않아도 돼요)

· 気が進まなければ買わなくても結構(けっこう)ですよ。
(마음이 내키지 않으면 사지 않아도 괜찮아요)

◉ **「~もあれば、~もある」** (~도 있고, ~도 있다)

· 株価(かぶか)は上がることもあれば、下がることもあります。
(주가는 오를 때도 있고 내릴 때도 있어요)

· 物価(ぶっか)が高いときもあれば、安いときもあります。
(물가가 비쌀 때도 있고 쌀 때도 있어요)

· 勉強は楽しいときもあれば、全然楽しくないときもあります。
(공부는 재미있을 때도 있지만, 전혀 재미없을 때도 있어요)

6-4 종조사

종조사는 문의 끝 부분에 사용하는 조사로 커뮤니케이션에 있어서 「의문, 감탄, 동의, 다짐, 권유」 등, 화자의 주관적인 기분을 더한다. 「か, ね, よ」를 대표로 하여 「さ, ぞ, とも, わ」 등이 많이 쓰인다. 이 중에서 「ね, さ, よ」는 문의 도중에서도 사용되기 때문에 간투조사(間投助詞)로 분류되는 경우도 있다.

【か】 ~까?, ~인가?

· 焼酎(しょうちゅう)は好きですか。 (소주는 좋아하나요?)

· あの綺麗な人は誰ですか。 (저 예쁜 사람은 누구예요?)

· 酒のつまみには何がいいでしょうか。 (술안주로는 뭐가 좋을까요?)

· 今日は一緒にテニスをしませんか。 (오늘은 같이 테니스를 치지 않을래요?)

· ほう、合格したのか、偉いねえ。 (호오, 합격했는가, 훌륭하군)

「か」는 병립조사로 쓰이기도 한다.

· 行くか行かないかはっきりしなさい。 (갈지 안 갈지 분명히 해라)

· 黒いペンか青いペンで書いてください。 (검은 펜이나 파란 펜으로 쓰세요)

【ね】 ～네(요), ～군(요), ～지(요)?

· このドラマはなかなか面白いですね。 (이 드라마는 꽤 재미있군요)

· 今日は雪が降っていますねえ。 (오늘은 눈이 내리는군요)

· 朝ご飯にはいつも納豆(なっとう)を食べるんですね。
(아침밥에는 항상 낫토를 먹는군요)

· とにかく、君もそういう話をしたんだね? (아무튼 자네도 그런 말을 한 거지?)

· これは多分お返しの意味ですね。 (이건 아마도 답례의 의미로군요)

【よ】 ～요, ～야

「よ」는 한국어의 종조사 「요」하고 위치와 발음이 같기 때문에 높임말이라고 생각하고 다용하는 경우가 있는데, 일본어의 「よ」는 자신의 주장을 강하게 강조할 때 쓰는 경우가 많기 때문에 사용에 주의를 요한다.

· 酒はそんなにかぶかぶ飲むもんじゃありませんよ。
(술은 그렇게 벌컥벌컥 먹는 게 아니에요)

· それくらいは分かってるよ。 (그 정도는 알고 있어)

· お前も一緒に行こうよ。 (너도 같이 가자)

· ええ、そうするつもりですよ。 (네, 그럴 생각이에요)

· 友(とも)よ、頂点(ちょうてん)を目指(めざ)そう。 (벗이여! 최고를 노리자)

【かな】 ～일까?, ～일지 몰라

여성은 같은 뜻으로 「かしら」를 사용하는 경우도 많다. 감탄조의 느낌이 강해서 공손체보다는 보통체의 문말에 자주 사용된다.

· 明日は晴れるかな。 (내일은 맑으려나?)

· 彼も私のことを考えているのかしら。 (그 사람도 나를 생각하고 있을까?)

· 私のことをもう少し好きになってくれないのかなあ。
(나를 조금만 더 좋아해 주지 않으려나?)

【さ】 ～야, ～말이야

남성이 주로 사용하는 종조사로 「ね, よ」와 마찬가지로 「さ」도 문장 중간에서 사용되는 경우가 있기 때문에 간투조사라고도 한다. 일반적으로 보통체에 사용한다.

· 彼女のことなら俺だって知ってるさ。
(그녀에 관한 것이라면 나도 알고 있어)

· いくら頭が悪くても、これくらいなら彼にでもできるさ。
(아무리 머리가 나빠도, 이 정도라면 그에게도 할 수 있을 거야)

· 俺がおごるからさ、一杯飲もうよ。 (내가 낼 테니까 말이야, 한 잔 하자)

【ぞ】 ～야, ～이군

남성적인 성질의 종조사로 주의를 환기하거나 다짐을 할 때 사용하며 손윗사람에게는 사용하지 않는다.

· そろそろ出発するぞ。 (슬슬 출발하겠어)

· あそこで何か光ったぞ。 (저쪽에서 뭔가 빛났어)

· 先からちょっと変だぞ。 (아까부터 좀 이상한데)

【な】 ～이구나, ～이지?, ～하지 마라

형용사나 조동사, 조사 등과 함께 쓰일 때는 감탄조의 느낌이 드는 종조사이고, 동사의 기본형에 직접 접속하면 「～하지 마라」라는 금지명령문을 만든다.

・あの子、本当にばかだな。 (저 애, 진짜로 바보네)

・明日は遅刻(ちこく)しないんだよな。 (내일은 지각하지 않겠지?)

・そんなにぶつぶつ言うな。 (그렇게 투덜투덜 하지 마라)

【の】 ~이니?, ~야

・せっかく買ったのに、使ってくれないの?
(모처럼 샀는데 써주지 않을 거야?)

・友情というのはそういうものなの。 (우정이라는 것은 그런 것이야)

・彼のことが嫌いになってしまったの。 (그 사람이 싫어져 버렸어)

【わ】 ~야, ~할게

주로 여성이 부드러운 어조로 사용하는 말인데, 간사이지역에서는 남성이 사용하는 경우도 많다. 「わね」「わよ」와 같은 형태로 사용되기도 한다.

・じゃ、いただくわ。 (그럼, 잘 받을게)

・俺はそろそろ行くわ。 (난 슬슬 갈게)

・今日はそういう気分ではないわ。 (오늘은 그런 기분이 아니야)

・あら、これ、おいしいわね。 (어머, 이거, 맛있네!)

・授業をサボるといけないわよ。 (수업을 빼먹으면 안 돼)

제7장 조동사

조동사는 부속어이며 활용을 한다. 동사를 보조한다는 의미의 명칭에서 보듯이 조동사는 주로 동사와 더불어 쓰이며 여러 가지 의미나 문법기능을 나타낸다. 이들은 문의 구조를 분석하는데 있어서 중요한 역할을 한다.

동사는 기본형이 모두 「う단」으로 끝나지만, 조동사의 기본형은 여러 가지의 형태가 있고, 동사뿐만 아니라 명사나 형용사 등에도 널리 사용된다. 대표적인 조동사에는 다음과 같은 것이 있다.

· 단정(断定) : 「だ · です · ます」

· 부정(否定) : 「ない · ません」

· 과거(過去) · 완료(完了) : 「た」

· 전문(伝聞) : 「そうだ」

· 희망(希望) : 「たい」

· 의지(意志) · 추량(推量) · 권유(勧誘) : 「う · よう」

· 부정의지(否定意志) · 부정추량(否定推量) : 「まい」

· 추량(推量) : 「らしい」

· 양태(様態) : 「みたいだ」「そうだ」「ようだ」

· 사역(使役) : 「せる · させる」

· 수동(受身) : 「れる · られる」

· 사역수동(使役受身) : 「せられる · させられる」

7-1 단정 · 부정

(1) 단정

단정(断定)의 조동사는 거의 모든 문장에 사용되기 때문에 명사문에서부터 충분히 익혀 왔다. 「だ(~이다)」는 보통체의 문장에 쓰는 조동사로 명사에 사용한다. 문장체에서는 같은 의미로 「である(~이다)」가 사용되기도 한다. 동사와 형용사 같은 용언은 기본형이 보통체의 단정이 된다.

【だ, である】 ~이다

· これは日本語の本だ。 (이것은 일본어 책이다)

· これは日本語の本である。 (이것은 일본어 책이다)

· ここに本がある。 (여기에 책이 있다)

· あの山は美しい。 (저 산은 아름답다)

· この街はきれいだ。 (이 거리는 깨끗하다)

「です(~입니다)」는 공손체의 문장에서 사용되는 조동사이며, 명사나 い형용사의 기본형 및 な형용사의 어간에 접속한다. 「ます(~습니다)」는 동사의 연용형에 접속하는데, 가장 기본적인 활용 형태로서 「ます」에 접속하는 형태를 「ます형」이라고도 한다.

【です】 ~입니다

· これは日本語の本です。 (이것은 일본어 책입니다)

· 思ったより重いですね。 (생각보다 무겁군요)

· 彼女は日本語がとても上手です。 (그녀는 일본어를 아주 잘합니다)

【ます】 ~습니다

일본어 동사의 현재형은 현재뿐만 아니라 미래나 의지도 나타낼 수 있기 때문에 상황을 보고 적절하게 번역하도록 한다.

· 今夜、彼女にラブレターを書きます。
(오늘밤에 그녀에게 연애편지를 쓰겠습니다)

· 明日は朝早く起きます。 (내일은 아침 일찍 일어나겠습니다)

· 夜はできるだけ早く寝ます。 (밤에는 가능한 한 빨리 잡니다)

· だいぶ暖かくなってきましたね。 (꽤 따뜻해졌네요)

· 私は毎日発声(はっせい)練習をします。 (나는 매일 발성연습을 합니다)

(2) 부정

「~이 아니다」「~지 않다」라는 부정(否定)의 의미로 사용되는 조동사는 「ない」이다. 고어에서는 「ぬ」가 쓰였는데 현대어에서는 별로 사용되지 않고 이의 대화체적인 변형인 「ん」이 주로 사용된다. 「だ」와 「である」의 부정형은 모두 「ではない」이다. 동사의 부정형은 동사의 종류에 따라 달라지므로 동사 항목을 참조한다. い형용사는 「くない」, な형용사는 명사와 마찬가지로 「ではない」를 사용한다.

【ない, ぬ, ん】 ~이 아니다

· これは英語の本ではない。 (이것은 영어책이 아니다)

· この服は新しくない。 (이 옷은 새것이 아니다)

· 彼はバスケットボールが上手ではない。 (그는 농구를 잘하지 못한다)

· 鳴かぬなら殺してしまえ、ほととぎす。 (울지 않으면 죽여 버려라, 두견새)

· そんなこと、知らん。 (그딴 거 몰라)

· 挨拶(あいさつ)をしても知らん振(ぶ)りしてました。 (인사를 해도 모른척하고 있었습니다)

· 挨拶をしても知らぬ振(ふ)りをしてました。
(인사를 해도 모르는 척을 하고 있었습니다)

・挨拶をしても知らん顔でした。 (인사를 해도 모르는 체하는 얼굴이었습니다)

공손한 부정형의 경우, 명사와 な형용사는 「ではないです」와 「ではありません」, い형용사는 「くないです」와 「くありません」의 두 종류가 있다. 동사에 사용하는 「ます」의 부정형은 「ます」의 활용 형태인 「ませ」에 부정의 조동사 「ん」을 결합한 「ません」이 된다.

【ではないです, ではありません】 ~이 아닙니다

・これは辞書ではないです。(＝辞書ではありません)
(이것은 사전이 아닙니다)

・ここはあまり便利ではないですね。(＝便利ではありませんね)
(여기는 그다지 편리하지 않네요)

【くないです, くありません】 ~지 않습니다

・今は何も食べたくないです。 (지금은 아무것도 먹고 싶지 않습니다)

・おかずがまずくて、食べたくありません。
(반찬이 맛없어서 먹고 싶지 않습니다)

・彼女が来なければパーティーはおもしろくないでしょう。
(그녀가 오지 않으면 파티는 재미없겠지요?)

【~ません】 ~지 않습니다

・今回はいろいろすみませんでした。 (이번에는 여러 가지로 미안했습니다)

・明日は6時に起きないといけませんね。
(내일은 6시에 일어나지 않으면 안 되겠군요)

・私は暗くならなければよく眠れません。
(나는 어두워지지 않으면 잠을 못잡니다)

동사에서 살펴보았듯이, 「ない」의 중지법은 「なくて」와 「ないで」가 있고,

이에 해당하는 고어체적인 중지법에 「ず, ずに」가 있다. 고어체이긴 하지만 현대어에서도 심심찮게 사용된다.

- 食欲(しょくよく)がなくて、何も食べたくありません。
  (식욕이 없어서 아무것도 먹고 싶지 않습니다)

- 何も食べないで、抵抗(ていこう)しています。
  (아무것도 먹지 않고 저항하고 있습니다)

- あの子は一日中何もしないで、テレビばかり見ています。
  (저 애는 하루 종일 아무것도 하지 않고 텔레비전만 보고 있습니다)

- 何もせずに、生きていけると思いますか。
  (아무것도 하지 않고 살아갈 수 있다고 생각하나요?)

7-2 과거 · 완료

과거(過去)와 완료(完了)를 나타내는 조동사는 「た」이다. 「た」는 기본적으로 과거를 나타내는 조동사인데, 내용적으로 동작이 완료된 현재의 상황을 나타내기도 한다. 동사의 경우는 종류에 따라 음편현상이 발생할 수 있고, い형용사의 과거형은 「かった」, 명사와 な형용사의 과거형은 「だった」, 「です」와 「ます」는 각각 「でした」와 「ました」이다.

【동사】

- 夕べ歌ったのは「ジュピター」という曲でした。
  (어젯밤에 부른 것은 「주피터」라는 곡이었습니다)

- 早く起きたつもりでしたが、遅刻してしまいました。
  (일찍 일어났다고 생각했는데 지각하고 말았습니다)

・だんだん寒くなってきたのが肌(はだ)で感じられます。
(점점 추워지게 된 것이 피부로 느껴집니다)

【い형용사】

・今日のお話はとても面白かったです。 (오늘 이야기는 아주 재미있었습니다)

・おかずが美味しかったので、ご飯を2杯も食べました。
(반찬이 맛있어서 밥을 두 그릇이나 먹었습니다)

・回りに誰もいなくて寂しかった。 (주위에 아무도 없어서 외로웠다)

【명사와 な형용사】

・面白い本だったので、一日で全部読んでしまいました。
(재미있는 책이었기 때문에 하루에 전부 읽어 버렸습니다)

・誰もいないかと思うほど、とても静かでした。
(아무도 없는가 생각할 정도로 아주 조용하였습니다)

・まじめだった彼がどうしてあんなになってしまったのでしょうか。
(착실했던 그가 왜 저렇게 되어 버렸을까요?)

【~たところ와 ~たばかり】

완료의 조동사 「た」와 더불어 쓰이는 「~たところ」와 「~たばかり」는 동작이 완료된 지 얼마 지나지 않아서 「막~하였다」라는 뜻으로 쓰이는 구문이다. 「~たところ」가 「~たばかり」보다 더욱 짧고 시각적으로 느낄 수 있는 시간을 나타낸다. 「~たばかり」는 약간 긴 시간이더라도 전체적으로 짧은 기간이라고 느끼면 사용할 수 있기 때문에 「얼마 안 돼서」로 해석되는 경우도 많다.

◉ 「~たところ」

・私も今来たところです。 (저도 지금 막 왔습니다)

· 今ちょうどご飯を食べたところです。 (지금 막 밥을 먹은 참입니다)

· 今成田空港に着いたところです。 (지금 막 나리타공항에 도착하였습니다)

◉「～たばかり」

· 日本に来たばかりで何が何だかよく分かりません。
(일본에 온 지 얼마 안돼서 뭐가 뭔지 잘 모르겠습니다)

· 日本語を習い始めたばかりで、まだひらがなしか書けません。
(일본어를 배우기 시작한 지 얼마 안돼서 아직 히라가나밖에 쓰지 못합니다)

· 彼女と知り合いになったばかりです。
(그녀와 막 아는 사이가 되었습니다)

「疲れる(피곤하다), かわく(목이 마르다), すく(배가 고프다)」와 같은 동사는 동작이 완료된 현재의 상태를 나타낼 때에 과거의 조동사를 사용하여 표현한다.

· 疲れましたね。ちょっと休みませんか。 (피곤하네요. 좀 쉬지 않을래요?)

· のどがかわきました。ジュースでも飲みましょう。
(목이 마르네요. 주스라도 마시지요)

· お腹すいた。ご飯ちょうだい。 (배고파. 밥 줘)

7-3 전문

조동사 「そうだ」는 접속하는 방식에 따라 「전문」과 「양태」라는 두 가지의 기능을 갖는다. 먼저 전문(伝聞)을 나타내는 「そうだ」는 기본형에 접속하여 남에게 들은 말을 또 다른 사람에게 전달할 때 쓰는 용법으로 「~라고 한다」라는 뜻을 나타낸다. 전문을 나타내는 「そうだ」는 「そうでした」라든가 「そうではありませんでした」와 같은 과거형은 없다. 「そうだ」에 접속하는 기본형을 과거나 부정으로 하여 내용을 전달할 수 있다.

【동사】

· 韓国料理が食べたいそうだ。(한국요리를 먹고 싶다고 한다)

· 明日のパーティーでは和食(わしょく)が出るそうです。
(내일의 파티에서는 일식이 나온다고 합니다)

· 興奮(こうふん)してなかなか寝られなかったそうです。
(흥분하여 좀처럼 잠을 이루지 못했다고 합니다)

· 彼女の招待(しょうたい)には誰も応じなかったそうです。
(그녀의 초대에는 아무도 응하지 않았다고 합니다)

· 彼は怠け者(なまけもの)で、何もしようとしなかったそうです。
(그는 게으름뱅이여서 아무것도 하려고 하지 않았다고 합니다)

【い형용사】

· 彼女はやさしいそうです。(그녀는 상냥하다고 합니다)

· お母さんはとても美しかったそうです。(어머니는 아주 아름다웠다고 합니다)

· 鹿児島(かごしま)はあまり涼しくなかったそうです。
(가고시마는 별로 시원하지 않았다고 합니다)

· 日本は物価が高いそうです。 (일본은 물가가 비싸다고 합니다)

· そのゲームは全然楽しくなかったそうです。
(그 게임은 전혀 즐겁지 않았다고 합니다)

【な형용사, 명사】

· 富士山の紅葉(こうよう)はとても綺麗だそうです。
(후지산의 단풍은 아주 예쁘다고 합니다)

· あの歌手は日本で有名だったそうです。
(저 가수는 일본에서 유명하였다고 합니다)

· その問題は簡単ではなかったそうです。
(그 문제는 간단하지 않았다고 합니다)

· 彼もなかなかの有名人(ゆうめいじん)だそうです。 (그도 상당한 유명인이라고 합니다)

· 北海道(ほっかいどう)は一面(いちめん)雪だったそうです。(홋카이도는 전면 눈이었다고 합니다)

7-4 희망

「~하고 싶다」는 희망(希望)의 뜻을 나타내는 조동사 「たい」는 1인칭의 희망을 나타내거나 2인칭의 희망사항을 질문할 때에 사용한다. 3인칭의 경우는 접미사 「たがる」를 사용하여 「~하고 싶어 하다」라는 뜻을 나타낸다. 둘 다 동사의 ます형에 접속한다. 「たい」의 경우는 한국어 「을, 를」로 해석이 되더라도 조사 「が」를 쓰는 것이 원칙이다. い형용사에 접속할 때는 「~くなる」, な형용사나 명사에 접속할 때는 「~になる」로 동사화한 후에 사용한다.

【동사】

・日本に行きたいですね。 (일본에 가고 싶네요)

・彼女も行きたがっています。 (그녀도 가고 싶어 하고 있습니다)

・お昼は何が食べたい? (점심은 뭘 먹고 싶어?)

・今日はラーメンが食べたいですね。 (오늘은 라면을 먹고 싶네요)

・たこやきも食べたいです。 (다코야키도 먹고 싶어요)

【형용사, 명사】

・美しくなりたいなら、毎日の食生活に気をつけることですね。
(아름다워지고 싶으면 매일의 식생활에 신경을 써야 합니다)

・綺麗になりたいなら、豆乳(とうにゅう)を飲みなさい。
(예뻐지고 싶으면 두유를 마시거라)

・みんな綺麗になりたがっているんですね。 (모두 예뻐지고 싶어 하는군요)

・そんなに有名人になりたいの? (그렇게 유명인이 되고 싶어?)

조동사는 아니지만 희망을 나타내는 형용사에 「欲(ほ)しい (갖고 싶다)」가 있다. 이것은 1인칭의 희망을 나타내거나 2인칭의 희망을 질문할 때에 사용한다. 3인칭의 경우는 「たがる」와 마찬가지로 「ほしい」에 「がる」를 접목하여 「ほしがる(갖고 싶어 하다)」의 형태가 된다. 동사의 「て형」에 접속하여 「~해주었으면 한다」는 희망을 나타내기도 한다. 「ほしい」는 조사 「が」를 사용하고, 「ほしがる」는 조사 「を」를 사용한다.

・僕も彼女がほしいなあ。 (나도 여자 친구가 있었으면 좋겠다)

・プレゼントには何がほしいですか。 (선물로는 뭘 갖고 싶어요?)

・娘が新しいコートを欲しがっています。
(딸이 새 코트를 갖고 싶어 하고 있습니다)

・彼女は欲張り(よくば)りで、何でもかんでも欲しがります。
(그녀는 욕심쟁이여서 뭐든지 갖고 싶어 합니다)

・みゆきさんが欲しがっているものが何か、分かりますか。
(미유키씨가 갖고 싶어 하는 것이 무엇인지 아나요?)

・もっとはきはきと言ってほしいなあ。 (좀 더 또렷또렷하게 말해주면 좋겠네)

・報告書は早めに出してほしいです。
(보고서는 좀 일찍 제출했으면 합니다)

7-5 의지・추량・권유

(1) う, よう

의지(意志)나 추량(推量) 또는 권유(勸誘)를 나타내는 조동사는 「う」와 「よう」이다. 둘 사이의 차이는 없으나 1류동사에는 「う」가 사용되고 그 외의 동사에는 「よう」가 사용된다. 동사에 직접 「う, よう」를 접속하면 주로 의지나 권유를 나타내고, 추량의 경우는 기본형에 「だろう, でしょう」를 접속하는 형태로 사용한다.

・彼女に手紙を書こうと思っています。
(그녀에게 편지를 쓰려고 생각하고 있습니다)

・明日は早く起きよう。 (내일은 빨리 일어나자)

・今日は何を食べようかな、そうだ、焼きそばを食べよう。
(오늘은 뭘 먹지? 맞아, 야키소바를 먹어야겠다)

・彼女も来るだろうと思いますよ。 (그녀도 올 것이라고 생각합니다)

・明日からは早寝早起きしようと思っています。
(내일부터는 일찍 자고 일찍 일어나려고 생각하고 있습니다)

・生徒たちにも考えがあるでしょう。 (학생들에게도 생각이 있겠지요)

い형용사, な형용사에는 「う」가 사용된다. い형용사는 어미가 「かろう」로 활용하며, な형용사는 어미가 「だろう」로 활용한다. 단, い형용사는 일반적으로 「기본형+だろう」의 형태가 주로 사용된다. 조동사에도 「う」가 사용되어 「だ」는 「だろう」, 「です」는 「でしょう」, 「ます」는 「ましょう」가 되는데, 「だろう」와 「でしょう」는 추량을, 「ましょう」는 기본적으로 권유를 나타낸다.

・良かろうと思ってやったんですが、あんまり気に入らないようですね。
(좋을 것이라고 생각해서 했는데, 별로 마음에 들지 않는 모양이군요)

・まあ、それはそれでいいだろう。 (뭐, 그건 그거로 괜찮겠지)

・隣(となり)の部屋がここよりは静かでしょう。 (옆방이 여기보다는 조용하겠지요)

・中国料理はおいしいでしょうか。 (중국요리는 맛있을까요?)

・そろそろ行きましょう。 (슬슬 갑시다)

(2) らしい

추량을 나타내는 조동사에 「らしい(~인 것 같다)」가 있다. 추측을 표현하는 조동사는 여러 종류가 있는데 「らしい」는 추측 중에서도 어느 정도의 근거를 가지고 확신에 찬 느낌이 강하다.

동사와 い형용사는 기본형에 접속하고, な형용사는 어간에 접속하며, 명사에는 직접 접속한다.

・彼は何か変なことをしているらしいですよ。
(그 사람은 뭔가 이상한 일을 하고 있는 것 같아요)

・夕べは一人でみそラーメンを食べたらしいです。
(어젯밤에는 혼자서 된장라면을 먹은 모양이에요)

・彼は今日も来ないらしいです。 (그는 오늘도 오지 않는 모양입니다)

· 娘さんはなかなか賢(かしこ)いらしいですよ。 (따님은 꽤나 똑똑한 모양입니다)

· 田舎(いなか)の叔父さんも元気らしいです。 (시골의 숙부님도 건강하신 것 같아요)

· そこに群(むら)がっているのはどうやら学生らしかった。
(거기에 몰려있는 것은 아무래도 학생 같았다)

「らしい」는 접미사로서의 용법이 있다. 이때는 「~답다, ~스럽다」로 번역한다.

· 男なら男らしい態度を見せなさい。 (남자라면 남자다운 태도를 보여라)

· 子供は子供らしくするもんですよ。 (아이는 아이답게 하는 거예요)

· 「人間らしい」というのはどういう意味でしょうかね。
(「인간답다」라는 것은 어떤 뜻일까요?)

· コンテストで優勝するなんて、さすが君らしいね。
(콘테스트에서 우승하다니, 과연 자네답군)

· 学生は学生らしくちゃんと勉強しなさい。
(학생은 학생답게 착실하게 공부하세요)

(3) まい

「まい」는 「~하지 않겠다」라는 부정의지(否定意志)나 「~하지 않을 것이다」와 같은 부정추량(否定推量)을 나타내는 조동사이다. 동사의 기본형에 접속하는데, 2류동사와 3류동사는 「ない형」에도 접속한다. 조금 고풍적인 표현에 속하기 때문에 현대어에서는 부정추량의 경우 「~ないだろう」가 더 많이 쓰인다.

· もうあんな奴(やつ)とは二度と口を利くまい。
(이제 저런 녀석하고는 두 번 다시 말을 하지 않을 테야)

· 頭に入るまいと思うが、もう一回言っておく。
 (머리에 들어가지 않을 것이라고 생각한다만, 한 번 더 말해두마)

· 彼はたぶん食べまいと思うが、一応(いちおう)持っていってあげなさい。
 (걔는 아마 먹지 않으리라고 생각한다만, 일단 갖다 주도록 해라)

· 多分彼は来るまいと思うよ。 (아마도 그는 오지 않을 거라고 생각해)

· あいつがしたことに違いあるまい。 (저 녀석이 한 짓에 틀림없을 거야)

· あいつがしたことに違いないだろう。 (저 녀석이 한 짓에 틀림없을 것이다)

7-6 양태

양태(様態)를 나타내는 조동사에는 「ようだ」「みたいだ」「そうだ」 등이 있다. 「~인 것 같다」와 같은 상태를 추측하는 것을 양태(様態)라고 한다. 추량의 「らしい」와 비슷하다. 단, 「らしい」는 객관적인 근거가 있는 경우가 많고, 「ようだ」는 주관적인 판단을 나타내는 경우가 많다. 「ようだ」를 쓰는 부분을 회화체에서는 「みたいだ」로 표현하는 경우도 많다.

【ようだ】

활용어의 연체형에 접속하는데, 결국 동사와 い형용사는 기본형에 접속하며 な형용사는 「~なようだ」의 형태가 된다. 체언의 경우는 「のようだ」로 표현한다.

· 彼は一日に3時間もテレビを見るようですね。
 (그는 하루에 3시간이나 텔레비전을 보는 모양이군요)

· 吉岡さんは辛いキムチも食べられるようです。
 (요시오카씨는 매운 김치도 먹을 수 있는 것 같습니다)

· 田中さんの部屋の方がもっと広いようです。
(다나카씨의 방이 더 넓은 것 같습니다)

· この部屋は静かなようですね。 (이 방은 조용한 것 같군요)

· これは先生が書いた本のようですね。 (이것은 선생님이 쓴 책인 것 같군요)

【みたいだ】

동사와 い형용사는 기본형에 접속하며 な형용사는 어간에 직접 접속한다. 체언의 경우도 직접 접속한다.

· コンパの後にカラオケにも行くみたいです。
(회식 후에 노래방에도 가는 모양이에요)

· 講演会には50名くらいが参加するみたいです。
(강연회에는 50명 정도가 참가하는 것 같습니다)

· 明日も天気はいいみたいですね。 (내일도 날씨는 좋은 것 같네요)

· こちらの店の方がもっと親切みたいです。
(이쪽 가게가 더 친절한 것 같습니다)

· 彼はロボットみたいにしゃべるんですね。(그는 로봇처럼 말하는군요)

【そうだ】

「そうだ」는 종지형에 접속하면 전문의 조동사이지만, 동사의 ます형이나 형용사의 어간에 접속하면 양태를 나타내게 된다.

① 동사

· この人形は今にも動きそうな感じですね。
(이 인형은 금방이라도 움직일 것 같은 느낌이네요)

· 雪が降りそうな天気ですね。 (눈이 내릴 것 같은 날씨네요)

・彼女の心が見えそうで見えないです。
(그녀의 마음이 보일 듯하면서도 보이지 않습니다)

・そろそろ連絡が来そうです。 (슬슬 연락이 올 것 같습니다)

・小島さんも明日からは参加しそうですよ。
(고지마씨도 내일부터는 참가할 것 같아요)

② 형용사

・おいしそうなケーキがあって、買ってきました。
(먹음직스런 케이크가 있어서 사왔습니다)

・この肉はちょっと固そうですね。 (이 고기는 좀 질긴 것 같네요)

・あれがより便利そうじゃありませんか。 (저것이 더 편리할 것 같지 않습니까?)

◉「なさそうだ와 よさそうだ」

「ない」와 「よい(いい)」에 양태의 조동사 「そうだ」를 접속하면 「なさそうだ」「よさそうだ」와 같이 「さ」가 삽입되는 점에 주의한다. 부정형은 「そうにない」「そうもない」「そうにありません」「そうもありません」 등으로 표현한다.

・心に余裕(よゆう)がなさそうですね。 (마음에 여유가 없는 것 같군요)

・前もって準備をしておいた方が良さそうですね。
(미리 준비를 해 두는 게 좋을 것 같군요)

・できそうにないことを簡単に言うもんじゃありません。
(할 수 있을 것 같지 않은 것을 간단히 말하는 것이 아닙니다)

・天候(てんこう)が一向(いっこう)に回復しそうにありません。
(날씨가 전혀 회복될 것 같지 않습니다)

・彼女とは仲(なか)よくなれそうもありません。
(그녀하고는 사이가 좋아질 것 같지도 않습니다)

7-7 사역 · 수동 · 사역수동

(1) 사역

사역(使役)이란 누군가에게 뭔가를 「시키다, 하게 하다」라는 뜻이다. 사역은 동사에 조동사 「せる・させる」를 접속하여 나타낸다. 동사의 종류에 따라 변화하는 방법이 다르다. 「せる」는 1류동사와 「する」에 사용하고 「させる」는 2류동사와 「来る」에 사용한다.

◎ 1류동사

어미 う단을 あ단으로 바꾸고 「せる」를 붙인다. 단, 기본형 어미 「う」의 あ단은 「あ」가 아니라 「わ」이다.

- そんなひどいことを私に言わせるんですか。
  (그런 심한 말을 나에게 시키는 거예요?)
- 黒板に解答を書かせています。 (칠판에 해답을 쓰게 하고 있습니다)
- 紙飛行機を飛ばせています。 (종이비행기를 날리고 있습니다)
- 一日30分ずつ本を読ませています。
  (하루에 30분씩 책을 읽게 하고 있습니다)
- 今日は少し早めに帰らせてください。 (오늘은 좀 일찍 퇴근시켜 주세요)

◎ 2류동사

어미 「る」를 없애고 「させる」를 접속한다.

- 新しい単語を一日10個ずつ覚えさせてください。
  (새로운 단어를 하루에 10개씩 암기시켜 주세요)
- 無理やり答えさせるのは良くないと思いますよ。
  (무리하게 답하게 하는 것은 좋지 않다고 생각합니다)

· 学生たちに日本語のテストを受けさせます。
(학생들에게 일본어 시험을 치르게 합니다)

◎ 3류동사

「くる」는 「こさせる」로 바꾸고, 「する」는 「させる」로 바꾼다. 「来る」는 한자의 읽기가 바뀌는데 주의한다. 「する」의 사역형 「させる」가 결과적으로 사역형을 만드는 조동사로 기능하고 있다.

· 特にやることもないのに来させるのは困りますね。
(특별히 할일도 없는데 오게 하는 것은 곤란한데요)

· そんな無理をさせるのは逆効果じゃないでしょうか。
(그런 무리를 하게 하는 것은 역효과가 아닐까요?)

「せる · させる」를 기계적으로 만들 수는 있지만, 실제로는 「起きさせる ⇒ 起こす, 下りさせる ⇒ 下ろす, 乗らせる ⇒ 乗せる」와 같이, 사역의 의미를 갖는 타동사를 사용하는 경우도 있다.

· 明日は朝早く起こしてください。 (내일은 아침 일찍 깨워주세요)

· そこの角で下ろしてください。 (저기 모퉁이에서 내려주세요)

· 僕も乗せてください。 (나도 태워주세요)

◉ **「～せてください, ～させてください」** (～하게 해 주세요)

상대방에게 자신의 행위를 허락받기 위한 구문으로 사용하는 매우 정중한 표현이다. 상대방에게 행동을 요구하는 「～てください (～해 주세요)」와 혼동하지 않도록 주의한다.

· 私にも食べさせてください。 (나도 먹게 해주세요)

· あなたの話を録音させてください。 (당신의 얘기를 녹음하게 해주세요)

· そこには私に行かせてください。 (거기에는 저에게(제가) 가게 해주세요)

(2) 수동

「수동」은 「능동」에 대립되는 개념이다. 「先生が私を誉めた。(선생님이 나를 칭찬하였다)」와 「私は先生に誉められた。(나는 선생님한테 칭찬받았다)」를 비교해 보면 두 문장의 내용은 같지만 주체와 객체가 역전되어 있다. 전자는 능동태의 문장이고, 후자는 수동태의 문장이다.

「수동」을 일본어로는 주로 「受身(うけみ)」라고 표현한다. 「~을 당하다」 「~하게 되다」라는 뜻이다. 수동을 나타내는 조동사는 「れる・られる」인데, 동사의 종류에 따라 선택한다. 「れる」는 1류동사와 「する」에 사용하고, 「られる」는 2류동사와 「くる」에 사용한다.

◎ 1류동사

어미 う단을 あ단으로 바꾸고 「れる」를 접속한다. 「う」의 경우 「わ」로 바꾼다.

· 何と言われようと私は私の道を行きます。
(뭐라고 하든 저는 저의 길을 가겠습니다)

· 後ろから名前を呼ばれてびっくりしました。
(뒤에서 이름을 불러서 깜짝 놀랐습니다)

· ルームメートに日記を読まれてしまいました。
(룸메이트에게 일기를 읽히고 말았습니다)

· テレビばかり見ていて、お母さんに叱られました。
(텔레비전만 보다가 어머니한테 야단맞았습니다)

· 満員電車の中で足を踏(ふ)まれて不愉快(ふゆかい)でした。
(만원전철 안에서 발을 밟혀서 불쾌했습니다)

◎ 2류동사

어미 「る」를 없애고 「られる」를 붙인다.

· これが最近の恋愛(れんあい)事情だと考えられています。
(이것이 최근의 연애사정이라고 생각되고 있습니다)

· ライバルと比べられて良い気はしないでしょう。
(라이벌하고 비교를 당하여 좋은 기분은 들지 않겠지요)

· コンテストで入賞して先生に誉(ほ)められました。
(콘테스트에서 입상하여 선생님께 칭찬받았습니다)

◎ 3류동사

「来る」는 「来られる」로, 「する」는 「される」로 바뀐다. 한자의 읽기가 바뀌는데 주의한다.

· お風呂(ふろ)に入っていたとき、宅配(たくはい)に来られて困りました。
(목욕을 하고 있을 때, 택배가 와서 난처했습니다)

· そういう言い方をされると、こちらも黙っていられませんね。
(그런 식으로 얘기를 하면, 이쪽도 잠자코 있을 수 없지요)

「れる」「られる」는 수동의 의미 이외에도 가능, 존경, 자발의 의미를 갖고 있다. 접속하는 요령은 같으나 어떤 의미로 쓰였는지는 문맥으로 파악한다.

【가능】

「れる」「られる」는 「할 수 있다」는 가능의 뜻으로 사용할 수 있다. 가능형에 대해서는 동사에서 다루었기 때문에 여기에서는 간단히 정리를 하도록 한다. 1류동사는 가능동사를 만들어서 가능을 표현하며, 「する」의 가능형은 「できる」이다.

「れる」「られる」가 가능형으로 사용될 수 있는 것은 2류동사와 「来る」뿐이다.

- これを日本語に変えられますか。 (이것을 일본어로 바꿀 수 있나요?)
- あなたは野菜が育てられますか。 (당신은 야채를 키울 수 있나요?)
- 空を飛ぶ鳥を捕(つか)まえられますか。 (하늘을 나는 새를 잡을 수 있나요?)
- 日本語の勉強をどれくらい続けられますか。
 (일본어 공부를 얼마나 계속할 수 있나요?)
- 5時からは出かけられると思います。 (5시부터는 외출할 수 있을 겁니다)
- 金曜日に研究室に来られますか。 (금요일에 연구실로 올 수 있나요?)

【존경】

조동사 「れる」「られる」가 존경의 의미로 사용되는 경우가 있다. 1류동사와 「する」는 「れる」를 사용하고, 2류동사와 「くる」는 「られる」를 사용한다.

- 次は何を歌われますか。 (다음은 무슨 노래를 부르시겠습니까?)
- この薬を飲まれる前に説明書をよく読んでください。
 (이 약을 드시기 전에 설명서를 잘 읽어 주세요)
- 畑(はたけ)に何を植えられていますか。 (밭에 무엇을 심고 계십니까?)
- 次に来られるときは会員証(かいいんしょう)もお持ちください。
 (다음에 오실 때에는 회원증도 가지고 오세요)
- 会長は今壇上(だんじょう)でご挨拶(あいさつ)をされています。
 (회장님은 지금 단상에서 인사말씀을 하시고 계십니다)

【자발】

자발(自発)은 화자의 의지적인 행동이 아니라, 어떤 상황과 관련하여 자연스럽게 연상이 되는 것을 가리킨다.

· 明日の合コンがすごく待たれますね。
(내일의 미팅이 굉장히 기다려지네요)

· あの音楽を聞くと、何となく故郷の風景が描かれます。
(저 음악을 들으면, 왠지 모르게 고향 풍경이 그려집니다)

· どじょうを見ると、子供の頃が思い出されます。
(미꾸라지를 보면 어린 시절이 생각납니다)

(3) 사역수동

사역수동(使役受身)이란 사역과 수동이 한 문장 안에서 같이 쓰이는 것을 말한다. 사역은 시키는 것이고 수동은 그것을 받거나 당하는 것이 되니까 사역수동은 누군가가 시키는 것을 할 수 밖에 없는 상황을 나타낸다. 나의 적극적인 의지로 하는 행위가 아니라 어쩔 수 없이 시킴을 당하는 꼴로 쓴다. 유쾌하지 않은 상황이 표현된다. 「せられる」와 「させられる」가 있다.

「せられる」는 1류동사와 「する」에 사용하고, 「させられる」는 2류동사와 「くる」에 사용한다. 「する」에 「せられる」가 붙으면 「させられる」가 되는데 이것이 결국 사역수동형의 하나인 「させられる」이다.

「す」로 끝나는 동사를 제외한 1류동사의 경우, 「せられる」가 「される」로 축약되어 사용되는 경우도 많은데, 1류동사에서는 이 구문이 더욱 일반적이다. 사역수동은 한국어로 번역하기가 상당히 어려운 구문이므로, 일본어의 어감을 이해할 수 있도록 한다. 「~하게 함을 당하다」의 뜻인데, 이하에서는 「~하게 해서 하였다」라고 번역하였으나 경우에 따라서는 하지 않고 거절하였을 수도 있다.

【1류동사, する】

・おもしろくもない話を聞かせられました。(⇒ 聞かされました)
(재밌지도 않은 이야기를 듣게 해서 들었습니다)

・お酒をむりやり飲ませられました。 (⇒ 飲まされました)
(술을 억지로 마시게 해서 마셨습니다)

・反省文を書かせられました。(⇒ 書かされました)
(반성문을 쓰라고 해서 썼습니다)

・歌を歌わせられました。(⇒ 歌わされました)
(노래를 억지로 시켜서 불렀습니다)

・お使いに行かせられました。(⇒ 行かされました)
(심부름을 가라고 해서 갔습니다)

・毎朝きつい朝練(あされん)をさせられました。
(매일아침 힘든 아침연습을 하라고 해서 했습니다)

【2류동사, くる】

・変な絵を見させられました。 (이상한 그림을 보라고 시켜서 봤습니다)

・好きでもない服を着させられました。
(좋아하지도 않은 옷을 입으라고 시켜서 입었습니다)

・延(の)びたうどんを食べさせられました。
(불어터진 우동을 먹으라고 시켜서 먹었습니다)

・難しい漢字を毎日覚えさせられました。
(어려운 한자를 매일 암기하라고 해서 암기했습니다)

・寒いのに、朝早くから来させられて困りました。
(추운데, 아침 일찍부터 오라고 해서 난처했습니다)

제8장 부사

부사(副詞)는 자립어이며 활용은 하지 않는다. 주로 용언(동사, い형용사, な형용사)을 수식하는 연용수식성분이 되는 단어이다. 일반적으로 동사를 수식하여 동작이나 작용의 상태를 나타내는 상태부사와 기본적으로 형용사를 수식하여 동작이나 상태의 정도를 나타내는 정도부사, 주로 술어를 수식하여 화자의 평가나 판단을 나타내는 진술부사 등으로 나눈다.

단, 이와 같은 분류의 경계선이 확실하게 나누어지는 것은 아니다. 즉, 각각의 부사가 반드시 고정적으로 각 분류 안에 속하는 것은 아니며, 같은 부사가 여러 가지의 기능을 동시에 갖는 것도 있다는 것을 염두에 둘 필요가 있다. 또한 부사는 가타카나로 표기하는 경우도 흔한데 특별히 법칙이 정해져 있는 것은 아니다. 부사는 강조하기 위하여 사용하는 용어이므로 문장을 읽을 때나 말을 할 때 부사 부분에 강세를 두고 읽어야 의미가 제대로 전달된다.

8-1 상태부사

주로 동사를 수식하여 동작이나 작용, 상태변화의 모습을 나타내는 부사가 상태부사(状態副詞)이다. 일본어에서는 정태부사(情態副詞)라고도 한다. 의성어 및 의태어인 오노마토페(オノマトペ)는 부사에 포함되는데, 대부분의 의성어와 의태어가 상태부사에 속한다. 의성어(擬声語)를 일본어에서는 주로 의음어(擬音語)라고 한다.

상태부사에 속하는 부사를 살펴보도록 하자. 앞으로 제시할 부사는 항상 부사로만 사용되는 것이 아니라 단어에 따라서는 「する」를 접속하여 동사로 사용되는 경우도 있다. 예를 들면 「さっぱり」는 「산뜻이, 시원하게」 등의 부사이지만, 「さっぱりする」라고 하면 「시원하다, 담백하다」 등의 자동사로도 사용된다. 또한 부사는 「と」와 더불어 사용되는 용어도 많다. 예를 들면 「あっさり」를 그대로 사용할 수도 있고 「あっさりと」처럼 사용할 수도 있다. 부사는 가나로 표기하는 경우가 많지만, 한자로 표기하는 경우도 드물지 않으니 예문에 나와 있는 한자는 같이 익힐 수 있도록 한다.

あっさり (깨끗이, 담박하게)	いきなり (돌연, 갑자기)
いそいそ (마음도 가벼이, 서둘러서)	いっさい (일절, 전혀)
いよいよ (마침내, 드디어)	いらいら (안절부절)
うきうき (신이 나서, 마음이 들떠서)	うっかり (깜빡, 무심코)
うろちょろ (어정어정, 졸랑졸랑)	おたおた (허둥지둥, 우물쭈물)

※ 「いっさい(一切)」는 「일체, 전부」라는 뜻도 있는데, 이때의 품사는 명사이다. 이것이 부사로 쓰일 때는 뒤에 부정하는 말을 동반하여 「일절, 전혀」의 뜻으로 사용된다. 이와 같이 같은 단어가 쓰임새에 따라 품사가 바뀌는 것이 있다는 것도 알아 두자.

· カンニングを頼みましたが、あっさりと断(ことわ)られました。
(커닝을 부탁했으나, 간단히 거절당했습니다)

· いきなり名前を呼ばれてびっくりしました。
(갑자기 이름을 불러서 깜짝 놀랐습니다)

· 彼女はいそいそとデートに出かけた。
(그녀는 들뜬 마음으로 데이트하러 갔다)

· この問題は私とはいっさい関係ありません。
(이 문제는 나하고는 전혀 관계가 없습니다)

· いよいよ明日から試合が始まります。(마침내 내일부터 시합이 시작됩니다)

· 問題が解けなくて、いらいらしています。
(문제가 풀리지 않아서 안절부절못하고 있습니다)

· 七夕祭(たなばたまつ)りが始まって、みんなうきうきしています。
(칠석축제가 시작되어 모두 신이 나 있습니다)

· 宿題をうっかり忘れました。(숙제를 깜빡 잊었습니다)

· そんなところをうろちょろ歩き回るんじゃないよ。
(그런 곳을 어정어정 돌아다니는 게 아냐)

· 外国人に会ってもおたおたしないでください。
(외국인을 만나더라도 우물쭈물하지 마세요)

がたがた(덜덜)
がっかり(실망, 낙담)
ぎすぎす(깨깨 마름, 껄끄러움)
きっちり(빈틈없이, 정확하게)
きょろきょろ(두리번두리번)
カチカチ(찰칵찰칵, 재깍재깍)
かぶかぶ(벌컥벌컥, 꿀꺽꿀꺽)
きちんと(깔끔히, 말끔히)
きゃあきゃあ(꽥꽥)
きらきら(반짝반짝)

- 機械の調子が悪くて、がたがた変な音がします。
  (기계의 상태가 안 좋아서 덜덜 이상한 소리가 납니다)
- 時計がカチカチと音を立てています。(시계가 재깍재깍 소리를 내고 있습니다)
- 彼にはがっかりしました。 (그 사람한테는 실망했어요)
- 酒をかぶかぶ飲んでいます。 (술을 벌컥벌컥 마시고 있습니다)
- 人間関係がぎすぎすしてきました。 (인간관계가 껄끄러워졌습니다)
- 部屋をきちんと片付けてください。 (방을 말끔히 치워주세요)
- きっちり2時間話が続きました。 (꼭 두 시간 이야기가 계속되었습니다)
- 千円きっちりお預かりいたしました。 (천 엔 정확히 받았습니다)
- 子供たちがきゃあきゃあ騒(さわ)いでいます。(어린애들이 꽥꽥 떠들고 있습니다)
- キョロキョロしないで、授業に集中しなさい。
  (두리번거리지 말고 수업에 집중하거라)
- きらきら光る、お空の星よ。 (반짝반짝 빛나는 하늘에 있는 별이여!)

こそこそ (소곤소곤)	コロコロ (대굴대굴, 깔깔)
さっさと (냉큼, 빨랑빨랑)	さっぱり (시원히, 깔끔히)
さらに (더욱더)	しばしば (종종, 자주)
しばらく (잠시, 얼마 동안)	すぐ (곧, 바로)
すっかり (완전히, 매우)	すっきり (산뜻이)

- あの二人はこそこそ何を話しているんでしょうか。
  (저 두 사람은 소곤소곤 무엇을 얘기하고 있는 걸까요?)
- ボールがコロコロ転(ころ)がっていきます。 (공이 대굴대굴 굴러갑니다)
- うろちょろしないでさっさと歩け。 (어정거리지 말고 빨랑빨랑 걸어라)

・プールで泳いだ後は気分がさっぱりして爽快(そうかい)です。
（수영장에서 헤엄친 후에는 기분이 개운하고 상쾌합니다）

・これからはさらに暑くなるでしょう。 （앞으로는 더욱 더워지겠지요）

・彼はしばしばここを訪(おとず)れました。 （그는 여러 차례 이곳을 찾아왔습니다）

・まだしばらくは寒さが続くでしょう。 （아직 당분간은 추위가 이어지겠지요）

・はい、すぐ行きます。 （네, 곧 가겠습니다）

・焼酎(しょうちゅう)を三杯飲んだら、すっかり気分が良くなりました。
（소주를 세 잔 마셨더니 완전히 기분이 좋아졌습니다）

・悩みをすべて打ち明けたので心がすっきりしました。
（고민을 다 털어 놨기 때문에 속이 후련합니다）

すでに（이미））	すべすべ（매끈매끈）
すべて（모두, 전부）	すやすや（새근새근）
すらすら（줄줄, 술술）	ずるずる（질질）
せっかく（모처럼, 일부러）	そろそろ（슬슬）
たった（다만, 단지）	たびたび（번번이, 자주）

・急いで行ったんですが、会議はすでに終わっていました。
（서둘러서 갔습니다만, 회의는 이미 끝나 있었습니다）

・温泉に入るとお肌がすべすべになります。
（온천에 들어가면 피부가 매끈매끈해집니다）

・言いたいことはすべて言いました。 （말하고 싶은 것은 모두 말했습니다）

・赤ちゃんがすやすや寝ています。 （아가가 새근새근 자고 있습니다）

・英語がすらすら話せるまでがんばります。
（영어를 술술 말할 수 있을 때까지 노력하겠습니다）

・彼は難しい日本語の漢字をすらすらと読んでいます。
(그는 어려운 일본어 한자를 척척 읽고 있습니다)

・最近のドラマは人気が出るとずるずると引き延ばします。
(최근의 드라마는 인기가 생기면 질질 연장합니다)

・せっかく彼女と出かけたのに、あいにく雨だった。
(모처럼 여자 친구와 외출하였는데 공교롭게도 비가 왔다)

・そろそろ行きましょうか。(슬슬 갈까요?)

・集まりにはたった一人しか来ませんでした。
(모임에는 단 한 사람밖에 오지 않았습니다)

・たびたびご迷惑をお掛けしましてどうもすみません。
(번번이 폐를 끼쳐서 대단히 미안합니다)

たまたま(마침, 우연히)	たまに(드물게, 간혹)
だらだら(줄줄)	だんだん(점점)
つべこべ(이러쿵저러쿵, 쫑알쫑알)	ときどき(가끔, 때때로)
どきどき(두근두근)	とにかく(여하튼, 아무튼)
どんどん(자꾸, 계속)	にこにこ(싱글벙글)

・彼女とはたまたま飲み屋で会っただけです。
(그녀하고는 우연히 술집에서 만났을 뿐이에요)

・彼とはたまに会います。(그와는 간혹 만납니다)

・顔から汗がだらだら流れています。(얼굴에서 땀이 줄줄 흐르고 있습니다)

・日本語がだんだん上手になりましたね。(일본어가 점점 능숙해졌네요)

・あの人はつべこべとよく口を出す人ですね。
(저 사람은 이러니저러니 말참견을 잘하는 사람이군요)

・ときどきあなたのことを思い出しています。(가끔 당신에 대해 생각나곤 합니다)

・ガールズグループに会うことを考えると、今からどきどきします。
(걸그룹을 만날 생각을 하니, 지금부터 두근두근 합니다)

・資本は足りないんだけど、とにかく始めてみよう。
(자본은 부족하지만, 아무튼 시작해보자)

・ごちそうがいっぱいありますから、どんどん食べましょう。
(맛있는 음식이 잔뜩 있으니까 많이 먹읍시다)

・彼女はいつもにこにこしています。(그녀는 언제나 싱글벙글하고 있습니다)

にっこり(생긋, 방긋)	ねばねば(끈적끈적)
のびのび(무럭무럭)	のろのろ(느릿느릿, 꾸물꾸물)
はきはき(또렷또렷)	はっきり(확실히, 똑똑히)
ぱらぱら(후드득후드득, 훌훌)	ぴかぴか(반짝반짝)
びしびし(호되게)	ぶつぶつ(투덜투덜)

※ 「후드득후드득」을 나타내는 표현은 「ぱらぱら」와 「ばらばら」가 있는데, 「ばらばら」는 「みんなの気持ちがばらばらですね。(모두의 마음이 제각각이네요)」처럼 な형용사로 더 많이 쓰인다.

・にっこりと笑う赤ちゃんが何とも愛らしいんです。
(방긋 웃는 아기가 참으로 사랑스럽습니다)

・体に良い食品の中にはねばねばしたものが多いです。
(몸에 좋은 식품 중에는 끈적끈적한 것이 많습니다)

・子供たちがのびのびと育っています。
(아이들이 무럭무럭 자라고 있습니다)

・牛がのろのろと歩いています。(소가 느릿느릿 걷고 있습니다)

・もっとハキハキと言ってください。(좀 더 또렷또렷하게 말해주세요)

・はっきり断った方がいいですよ。(확실하게 거절하는 게 좋아요)

・ 雨粒(あまつぶ)がぱらぱらと屋根(やね)を打ちました。
(빗방울이 후드득후드득 지붕을 때렸습니다)

・ 頭がピカピカと光っている。 (머리가 반짝반짝 빛나고 있다)

・ 父親は息子をびしびしと叱(しか)りました。(아버지는 아들을 엄하게 꾸짖었습니다)

・ ぶつぶつ言わないでさっさとやれ。 (투덜투덜하지 말고 냉큼 해라)

ぶらぶら (흔들흔들, 빈둥빈둥)	ぺこぺこ (굽실굽실)
べらべら (종알종알)	ぺらぺら (줄줄, 술술)
ほかほか (따끈따끈)	ぽかぽか (후끈후끈, 뜨끈뜨끈)
ぼたぼた (뚝뚝, 몰랑몰랑)	ますます (더욱더, 점점 더)
また (또)	まだ (아직, 아직도)

※ 「ぺらぺら」와 「べらべら」는 둘 다 술술 말을 잘하는 것을 나타내는데, 「ぺらぺら」는 외국어 등을 잘 구사한다는 좋은 뜻으로 사용되고, 「べらべら」는 쓸데없는 말을 나열한다는 부정적인 의미로 사용된다. 「お腹がぺこぺこです。(배가 몹시 고파요)」에 있어서의 「ぺこぺこだ(몹시 고프다)」는 な형용사이다.

・ 一日中ぶらぶらしていないで本でも読んだらどうですか。
(하루 종일 빈둥빈둥하지 말고 책이라도 읽는 게 어때요?)

・ 彼は監督(かんとく)に頭をぺこぺこしながら謝っていました。
(그는 감독한테 머리를 굽실굽실하며 사과했습니다)

・ 何をそんなにべらべらしゃべってるの。 (뭘 그렇게 종알종알 떠드는 거야?)

・ 日本語がペラペラになるまで努力します。
(일본어를 술술 말할 수 있을 때까지 노력하겠습니다)

・ホカホカのご飯に納豆(なっとう)をかけるとけっこうおいしいですよ。
(따끈따끈한 밥에 낫토를 걸치면 꽤 맛있어요)

・オンドルはポカポカでいいですよね。 (온돌은 뜨끈뜨끈해서 좋지요?)

・ボタボタした粘土(ねんど)で工作をしています。
(몰랑몰랑한 진흙으로 공작을 하고 있습니다)

・最近ますます綺麗になりましたね。 (요즘에 더욱더 예뻐졌네요)

・これもまた一つの生き方でしょう。
(이것도 또한 하나의 삶의 방법이겠지요)

・まだ雨が降っています。 (아직도 비가 오고 있습니다)

まだまだ (아직도, 더욱)	まもなく (곧, 머지않아)
ゆっくり (천천히, 충분히)	よく (잘, 자세히, 흔히)
よちよち (아장아장)	わくわく (두근두근)
わざと (일부러)	わざわざ (일부러)

※ 「わざと」와 「わざわざ」는 둘 다 「일부러」로 번역되지만 의미가 다르다.
「わざわざ」는 좋은 의미로 쓰고 「わざと」는 부정적인 의미로 사용한다.

・日本語がうまくなりましたね。いいえ、まだまだです。
(일본어가 많이 늘었네요. 아네요, 아직 멀었어요)

・まもなく東京行(ゆ)きの電車がまいります。
(잠시 후 도쿄행 전철이 들어오겠습니다)

・ゆっくり休んでください。 (천천히 쉬세요)

・よく考えてから答えを書いてください。 (잘 생각해 보고 답을 써 주세요)

・よちよち歩く姿がとても愛らしいです。
(아장아장 걷는 모습이 아주 사랑스럽습니다)

· 明日旅行に行くことを考えると、胸がわくわくしてきました。
(내일 여행갈 것을 생각하면 가슴이 두근두근합니다)

· 最近テレビで試合にわざと負ける選手を見ました。
(최근 TV에서 시합에 일부러 지는 선수를 봤습니다)

· お忙しいところ、わざわざ来ていただきましてありがとうございます。
(바쁘신 중에 일부러 와 주셔서 감사합니다)

8-2 정도부사

용언이나 다른 부사를 수식하여 동작이나 상태의 정도를 나타내는 정도부사에는 다음과 같은 것이 있다. 형용사를 수식의 대상으로 하는 경우가 많다. 단, 「ずっと昔のことだった。(아주 오래된 일이었다)」의 「ずっと」, 「もっと左に寄れ。(좀 더 왼쪽으로 다가가라)」의 「もっと」처럼 부사가 명사를 수식하는 기능도 겸비하고 있다. 또한 「牛はたいそうのろのろと歩く。(소는 무척 느릿느릿 걷는다)」의 「たいそう」와 같이 부사이면서 다른 부사를 수식하기도 한다.

あまり, あんまり (너무, 별로)	あまりにも (너무나도)
いかが (어떻게)	おおく (대개, 대체로, 많이)
かなり (꽤, 상당히)	こぞって (모두, 빠짐없이)
すくなくとも (적어도)	すこし (조금)
ずいぶん (꽤)	ずっと (쭉, 아주, 훨씬)

※ 「あまり, あんまり」는 긍정문에 사용되면 「너무」라는 뜻이 되고, 부정문에서는 「별로」의 의미가 된다. 긍정문에서는 「あまりに, あまりにも (너무나, 너무나도)」의 형태가 더 많이 사용된다.

・これはあまり美味しくありませんね。 (이것은 별로 맛이 없군요)

・あまりにも美味しくて全部食べてしまいました。
(너무나 맛있어서 전부 먹어 버렸습니다)

・近頃、いかがお過ごしでしょうか。 (요즈음 어떻게 지내시나요?)

・正直者(しょうじきもの)はおおく人に好(す)かれます。
(정직한 사람은 대개 다른 사람이 좋아합니다)

・それはかなり難しい問題ですね。 (그것은 꽤 어려운 문제로군요)

・市民はこぞって彼を応援(おうえん)しました。 (시민은 모두 그를 응원하였습니다)

・少なくともあなたが好きな気持ちだけは誰にも負けません。
(적어도 당신을 좋아하는 마음만큼은 누구에게도 뒤지지 않습니다)

・少しお時間をいただけますか。 (시간을 좀 내주실 수 있습니까?)

・あの人はずいぶんやせてますね。(저 사람은 꽤 날씬하네요)

・あなたのことがずっと好きでした。 (당신을 쭉 좋아했습니다)

せいぜい (힘껏, 기껏해야, 고작)	そろそろ (슬슬)
たいそう (몹시, 무척)	だいたい (대개, 대충)
だいぶ (제법)	たいへん (대단히)
たくさん (많이)	ただ (오직, 그저, 오로지)
たっぷり (충분히, 듬뿍)	ちょっと (조금)

・彼の決心は続いてもせいぜい三日くらいでしょう。
(그의 결심은 계속해야 고작 3일 정도겠지요)

・そろそろ出かけましょう。 (슬슬 나갑시다)

・たいそうおもしろい話でした。(무척 재미나는 이야기였습니다)

・5時あたりはだいたい研究室にいます。
(5시 무렵에는 대개 연구실에 있습니다)

· だいぶ暖かくなりましたね。 (꽤 따뜻해졌네요)

· この度はたいへんお世話になりました。 (이번에는 신세 많이 졌습니다)

· ワインをたくさん飲みました。 (와인을 많이 마셨습니다)

· ただ元気に過ごすことをお祈りしています。
(오직 건강하게 지내기를 기원하고 있습니다)

· 朝はイチゴジャムをたっぷりぬった食パンを食べます。
(아침은 딸기잼을 듬뿍 바른 식빵을 먹습니다)

· ちょっと休んでから行こうか。 (좀 쉬었다 갈까?)

【おおく와 たくさん】

의미가 비슷한 「おおく」와 「たくさん」에는 다음과 같은 차이가 있다.

① 「おおく」는 명사로도 사용한다. 「~の」의 형태로 체언에 이어진다. 약간 문장체적이다. 부사로 사용될 때는 「대체로, 대개는, 흔히, 자주」라는 뜻이 되는데 「たくさん」과 같은 뜻으로 사용되기도 한다.

· 人間には多くを望まない方がいいです。<명사>
(인간에게는 많은 것을 기대하지 않는 것이 좋습니다)

· 多く（＝たくさん）の人がその映画を見ました。<명사>
(많은 사람이 그 영화를 보았습니다)

· 運動会は多く秋に行われます。<부사>
(운동회는 흔히 가을에 행해집니다)

· そんなに多く（＝たくさん）食べないでください。<부사>
(그렇게 많이 먹지 마세요)

② 「たくさん」은 수량이 많은 것을 나타내는 부사이다. 「~の」의 형태로 체언에 이어진다. 대화체적이다. 충분하다는 것을 나타낼 때는 그 이상은 필요 없다는 의미가 된다. 이때의 품사는 な형용사이다.

· あの図書館には本がたくさんあります。<부사>
(저 도서관에는 책이 많이 있습니다)

· あの図書館にはたくさんの本があります。<부사>
(저 도서관에는 많은 책이 있습니다. <명사로 보는 설도 있음>)

· もうたくさんです。<な형용사>
(이제 됐습니다)

· お金は3万円あればたくさんです。 <な형용사>
(돈은 3만 엔 있으면 충분합니다)

とても, とっても (매우, 아주)	なかなか (꽤, 좀처럼)
何でも (무엇이든지, 모두)	何とも (아무렇지도, 참으로)
ほとんど (거의)	まあ (뭐, 그런대로, 그럭저럭)
まったく (완전히, 전혀)	もう (벌써, 이미, 더)

※ 「なかなか」는 긍정문에서는 「꽤, 상당히」라는 뜻으로 사용되고, 부정문에서는 「좀처럼」이라는 뜻이 된다. 「まったく」의 경우, 긍정문에서는 「완전히, 정말로」라는 뜻이고, 부정문에서는 「전혀」라는 뜻이다.

· とてもおもしろい人に会いました。 (매우 재미있는 사람을 만났습니다)

· 彼もなかなかやるじゃないですか。 (그도 꽤나 잘하는군요)

· キムチはなかなかおいしいですね。 (김치는 꽤 맛있네요)

· なかなか上手にできないですね。 (좀처럼 잘 되지 않네요)

· 彼の歌なら何でも歌えます。 (그의 노래라면 뭐든지 부를 수 있습니다)

· 悪口を言われても何ともないようですね。
(욕을 먹어도 아무렇지도 않은 모양입니다)

· 朝からほとんど何も食べていません。
(아침부터 거의 아무것도 먹지 않았어요)

・まあ、いい成績だね。（그런대로 좋은 성적이군）

・まあそんなもんでしょう。(뭐, 그 정도겠지요)

・まったくそのとおりです。(정말로 그대로입니다)

・彼女は全く勉強する気がありません。（그녀는 공부할 마음이 전혀 없습니다）

・私にはまったく責任がないと思います。
(나에게는 전혀 책임이 없다고 생각합니다)

・もう一杯いかがですか。（한 잔 더 어떻습니까?)

もっと（좀 더, 더욱）	もはや（이제는, 벌써, 이미）
やっと（겨우, 간신히）	やや（약간, 얼마간）
よく（자주, 잘）	よほど, よっぽど（무척, 어지간히）

※「あんまり, とっても, よっぽど, やっぱり」처럼, 원래의 형태에 촉음이나 발음을 첨가하면 힘줌말이 되면서 대화체에서 주로 사용된다.「よく」는 상태부사에도 있었으나 여기에서는 주로 빈도를 나타내고 있다.

・もっと真剣(しんけん)に考えてください。（좀 더 진지하게 생각해 주세요）

・あれからもはや10年が経(た)ちました。（그로부터 벌써 10년이 흘렀습니다）

・やっと就職(しゅうしょく)が決まりました。（간신히 취직이 되었습니다）

・彼はややせっかちですね。（그는 약간 성급하네요）

・留学生時代にあの居酒屋にはよく立ち寄ったもんですよ。
(유학생 시절에 그 선술집에는 자주 들르곤 했지요)

・よほどの暑さでなければエアコンはつけません。
(어지간한 더위가 아니면 에어컨은 켜지 않습니다)

・彼女がよっぽど好きだったんですね。（그녀를 무척 좋아했던 모양이군요）

8-3 진술부사

주로 술어를 수식하여 화자의 평가나 판단을 나타내는 진술부사는 여러 가지의 의미를 갖는다. 서술부사라고도 하는데, 다음과 같은 종류가 있다.

あらかじめ (미리, 사전에)	あたかも (마치, 흡사)
おそらく (아마, 필시)	かならず (반드시, 꼭)
かならずしも (반드시, 꼭)	かねて (전부터, 진작부터)
かりに (가령, 만약)	きっと (꼭, 반드시)
けっして (결코)	さいわい (다행히)

※ 「必(かなら)ず」와 「必(かなら)ずしも」는 둘 다 「반드시, 꼭」으로 번역되지만, 「必ず」는 긍정에서 쓰이고 「必ずしも」는 부정을 동반한다.

· 発表の準備はあらかじめやっておいた方がいいですよ。
(발표 준비는 미리 해두는 게 좋아요)

· 桜吹雪(さくらふぶき)はあたかも雪が降るようだった。
(벚꽃이 지는 모습은 마치 눈이 내리는 것 같았다)

· 明日はおそらく晴れるでしょう。 (내일은 아마 개겠지요)

· 明日5時までには必ず返してくださいよ。(내일 5시까지는 꼭 돌려주세요)

· 必ずしもやらなければならないことではないです。
(반드시 해야 되는 것은 아닙니다)

· この計画はかねてから考えていたことです。
(이 계획은 진작부터 생각하고 있던 것입니다)

· かりに彼女も君のことが好きだと言ったらどうする?
(가령 그녀도 자네를 좋아한다고 한다면 어떻게 할 거야?)

・土曜日までにはきっとやります。 (토요일까지는 반드시 하겠습니다)

・私は決してあきらめません。 (나는 결코 포기하지 않습니다)

・遅刻かと思ったけれど、さいわい大丈夫(だいじょうぶ)だった。
(지각인 줄 알았는데 다행히 괜찮았다)

さすが (과연)	さぞ (아마, 필시)
少しも (すこしも : 조금도)	絶対 (ぜったい : 절대로)
ぜひ (꼭, 반드시)	全然 (ぜんぜん : 전혀)
たとえ (비록)	多分 (たぶん : 아마, 대개)
断じて (だんじて : 단연코, 기필코)	ちっとも (조금도, 전연)

※「全然(ぜんぜん)」은 원래 부정을 동반하여 「전혀」라는 뜻의 부사로 사용되는데, 근래에는 「これ、全然おいしい。(이거 아주 맛있다)」「うちのチームは全然仲がいい。(우리 팀은 아주 사이가 좋다)」와 같이 「아주」라는 강조의 부사로 사용하는 경우가 많이 있다. 원래의 어법에서는 벗어나는 표현이지만 일본어화자가 많이 사용하고 있으니 참고하도록 한다.

・さすがプロの選手は違いますね。 (과연 프로 선수는 다르군요)

・旅行はさぞ楽しかったでしょう。 (여행은 필시 즐거웠겠지요)

・私の分は少しも残してくれませんでした。
(내 것은 조금도 남겨주지 않았습니다)

・この御恩(ごおん)は絶対忘れません。 (이 은혜는 절대 잊지 않겠습니다)

・その本はぜひ読んだ方がいいですよ。 (그 책은 꼭 읽는 게 좋아요)

・彼女は全然お母さんと似ていません。 (그녀는 전혀 엄마를 안 닮았습니다)

・たとえ無理があるとしても、約束は守ります。
(비록 무리가 있다고 하더라도 약속은 지키겠습니다)

・明日は多分雪でしょう。 (내일은 아마도 눈이 오겠지요)

・断じて彼には勝ちます。 (단연코 그에게는 이기겠습니다)

・このクイズはちっとも分かりません。 (이 퀴즈는 전혀 모르겠어요)

ちゃっかり (빈틈없이, 약삭빠르게)	ちょうど (마침, 꼭)
つまり (결국, 즉, 요컨대)	どうか (아무쪼록, 부디)
どうして (왜)	どうぞ (부디, 아무쪼록)
とうてい (도저히)	どうも (매우, 정말, 아무리 해도)
とても (아주, 매우, 도저히)	なぜ (왜)

※ 「どうも」는 긍정문에서는 「매우, 정말」 등의 뜻으로 사용되고, 부정문에서는 「아무리 해도」로 해석된다. 「とても」의 경우도 긍정문에서는 「아주, 매우」라는 뜻이고, 부정문에서는 「도저히」라는 뜻이다.

・あの人はちゃっかり人の席に座っています。
(저 사람은 약삭빠르게 남의 좌석에 앉아 있습니다)

・ピクニックにはちょうどいい季節になりましたね。
(소풍 가기에는 딱 좋은 계절이 되었네요)

・つまり、あなたは行きたくないということですね。
(결국, 당신은 가고 싶지 않다는 것이로군요)

・どうかよろしくお願いします。 (아무쪼록 잘 부탁드립니다)

・おいしいのに、どうして食べないんですか。 (맛있는데 왜 안 먹나요?)

・どうぞ、お掛(か)けください。 (자, 앉으세요)

・彼は実力ではとうてい父親に勝つことができません。
(그는 실력으로는 도저히 아버지를 이길 수 없습니다)

・どうもありがとうございます。 (대단히 감사합니다)

・この問題はどうも分かりません。(이 문제는 아무리 해도 모르겠습니다)

· この作品は完成度がとても高いですね。（이 작품은 완성도가 아주 높군요）

· 一人ではとても食べきれないくらいのボリュームでした。
（혼자서는 도저히 다 먹을 수 없을 정도의 분량이었습니다）

· 昨日はなぜ授業を休んだんですか。（어제는 왜 수업을 쉬었습니까?）

なぜなら（왜냐하면）	なにとぞ（아무쪼록, 부디）
何ゆえに（어찌하여, 무엇 때문에）	なるほど（과연, 정말）
前もって（미리, 사전에）	まさか（설마）
まして（하물며, 더구나）	まるで（마치）
万一（まんいち : 만일, 만약）	万が一（만약, 만에 하나）

· なぜなら、俺は勉強が好きじゃないからです。
（왜냐하면, 나는 공부를 좋아하지 않기 때문입니다）

· なにとぞご理解いただけますよう、お願い申し上げます。
（부디 이해해 주시기를 부탁 말씀 드립니다）

· 我々(われわれ)は何ゆえに勉強するのだろうか。
（우리는 무엇 때문에 공부하는 것일까?）

· なるほど彼のスピーチは立派(りっぱ)だった。（과연 그의 스피치는 훌륭했다）

· 前もって話しておきますが、私はあなたが嫌いです。
（미리 말해두겠는데요, 나는 당신이 싫습니다）

· まさかお前が盗(ぬす)んだんじゃないでしょうね。（설마 네가 훔친 건 아니겠지?）

· 大人でも解けないクイズが、まして小学生に解けますか。
（어른도 풀지 못하는 퀴즈를 하물며 초등학생이 풀 수 있겠습니까?）

· まるで雲の上にいるような感じでした。
（마치 구름 위에 있는 것 같은 느낌이었습니다）

・万一雨が降ったら運動会は中止します。
(만일 비가 온다면 운동회는 중지하겠습니다)

・万が一遅れるようでしたら連絡してください。
(만에 하나 늦어질 것 같으면 연락해 주세요)

むしろ (오히려, 차라리)	無論 (むろん : 물론)
めったに (좀처럼, 거의)	もし (혹시)
もしかしたら, もしかすると (어쩌면)	もしも (만약, 혹시)
勿論 (もちろん : 물론)	やはり, やっぱり (역시)
要するに (요컨대, 결국)	よもや (설마)

・私は海外旅行よりも、むしろ国内旅行の方が好きです。
(저는 해외여행보다도 오히려 국내여행 쪽을 좋아합니다)

・無論そんなことはあり得ないことです。
(물론 그런 일은 있을 수 없는 일입니다)

・彼はめったに本を読みません。 (그는 좀처럼 책을 읽지 않습니다)

・もし嫌いじゃなかったら、僕と一緒に映画を見に行きませんか。
(혹시 싫지 않다면 나랑 같이 영화 보러 가지 않겠습니까?)

・もしかしたら明日は晴れるかもしれませんね。
(어쩌면 내일은 갤지도 모르겠네요)

・もしもと思って確認してみただけです。 (혹시나 하고 확인해 본 것뿐이에요)

・もちろん嫌ですよ。 (물론 싫어요)

・もちろん私は日本語が好きです。 (물론 저는 일본어를 좋아합니다)

・やっぱりそうですか。 (역시 그런가요?)

・要するに、何が言いたいですか。 (요컨대, 무엇을 말하고 싶은 거예요?)

・よもやと思いましたがやはりそうでした。 (설마 했는데 역시 그랬습니다)

이와 같은 진술부사는 그 성격에 따라 다음과 같이 비슷한 성질의 부사로 정리할 수도 있다.

(1) 단정 : 必ず, ぜったい, 断じて
(2) 부정 : 必ずしも, けっして, すこしも, 全然, ちっとも, めったに
(3) 의문 : どうして, なぜ, 何ゆえに
(4) 추량 : おそらく, きっと, さぞ, たぶん, まさか, よもや
(5) 희망 : ぜひ, どうか, どうぞ, なにとぞ
(6) 가정 : かりに, たとえ, 万一, 万が一, もし
(7) 비유 : あたかも, ちょうど, まるで

제9장 접속사와 감동사

접속사(接続詞)는 자립어이며 활용은 하지 않는다. 단어와 단어, 구와 구, 절과 절, 문과 문에 있어서 앞의 요소를 뒤의 요소에 결합시키는 역할을 한다. 접속사는 독립된 품사이고, 접속조사는 조사라는 품사의 일부분이므로 구분할 수 있도록 한다.

감동사(感動詞)는 감동이나 응답 또는 주의환기 등을 직접 나타내는 단어로 활용을 하지 않으며, 단독으로도 문이 성립될 수 있는 단어이다. 일본어에서는 감동사라는 용어를 주로 쓰는데, 감탄사(感嘆詞)라고도 한다. 감동을 직접 나타내는「ひゃー, まあ, ああ」, 상대방을 부르는「もしもし, ちょっと」, 응답을 나타내는「ええ, はい, いいえ, うん, ううん」, 인사표현인「おはよう, こんにちは, こんばんは」등의 종류가 있다.

9-1 접속사

접속사는 앞뒤 문장을 대등하게 이어주는 병렬접속사, 앞 문장이 뒷 문장으로 긍정적으로 이어지는 순접접속사, 앞 문장이 뒷 문장으로 반대적으로 이어지는 역접접속사 등이 많이 쓰이는 용어이고, 이 밖에 앞 문장에 내용을 첨가하거나 보충할 때 사용하는 첨가접속사, 두 가지 이상의 사항에서 선택할 때 사용하는 선택접속사, 화제를 바꿀 때 사용하는 전환접속사 등 의미적으로 여러 갈래로 나누어서 설명하기도 한다.

あるいは（혹은）	おまけに（그 위에, 게다가）
および（및）	が（그러나）
かつ（그 위에, 게다가, 또）	けれども, けれど, けど（하지만）
さて（그런데）	しかし（그러나）
しかしながら（그렇긴 하지만）	しかも（더구나, 게다가）

・答は黒あるいは青のペンで書いてください。
（답은 흑색 또는 청색 펜으로 쓰세요）

・彼女はやさしい。おまけに、料理もうまい。
（그녀는 상냥하다. 게다가 요리도 잘한다）

・日本および韓国の経済問題について話し合いましょう。
（일본 및 한국의 경제문제에 대해 얘기를 나눕시다）

・お金があることはあるんですが、あなたには貸したくありません。
（돈이 있기는 있습니다만, 당신한테는 빌려주고 싶지 않습니다）

・この仕事は必要かつ十分な条件を揃(そろ)えております。
（이 일은 필요하고 또한 충분한 조건을 갖추고 있습니다）

・太郎は由紀子(ゆきこ)が好きだ。けれども、由紀子は次郎が好きだ。
（다로는 유키코를 좋아한다. 그렇지만, 유키코는 지로를 좋아한다）

・さて、この前のテストの結果はどうなったのかな。
(그런데, 요전 시험 결과는 어떻게 되었을까?)

・彼の家は貧乏(びんぼう)です。しかし、彼は誰よりも明るくふるまいます。
(그의 집은 가난합니다. 그러나 그는 누구보다도 밝게 행동합니다)

・彼は誰よりも頑張(がんば)った。しかしながら、メダルは取れなかった。
(그는 누구보다도 열심히 했다. 그렇긴 하지만, 메달은 따지 못했다)

・彼女は歌が上手で、しかもダンスも得意です。
(그녀는 노래를 잘하고, 게다가 댄스도 잘합니다)

したがって (따라서)	すなわち (즉, 이를테면)
すると (그러자)	そこで (그래서)
そして (그리고)	そのうえ (게다가, 또한, 더욱)
それから (그리고)	それで (그래서)
それでは, それじゃ (그러면)	それでも (그래도)

※「それでは」는 격식 차린 장면에서 주로 사용되고「それじゃ」는 대화체의 격식 없는 장면에서 주로 사용한다. 이것이 축약된「では」와「じゃ」의 경우도 마찬가지로 전자가 격식 차린 장면에서 사용되는 데에 비하여 후자는 친구사이와 같은 허물없는 사이에서 사용된다.

・発表は先着順(せんちゃくじゅん)です。したがって、先に申し出た人からです。
(발표는 선착순입니다. 따라서 먼저 신청한 사람부터입니다)

・横浜(よこはま)は二番目に人口の多い、すなわち日本第二の都市です。
(요코하마는 두 번째로 인구가 많은, 즉, 일본 제2의 도시입니다)

・彼女は目をつむった。すると、彼は歌を歌い始めた。
(그녀는 눈을 감았다. 그러자 그는 노래를 부르기 시작했다)

· 友だちを映画館に誘(さそ)ったが断(ことわ)られた。そこで一人で行った。
(친구한테 극장에 가자고 했으나 거절당했다. 그래서 혼자 갔다)

· そして、彼は静かに部屋を出ていきました。
(그리고, 그는 조용히 방을 나갔습니다)

· 雨が降り始めた。そのうえ、風も強くなってきた。
(비가 내리기 시작했다. 게다가, 바람도 강해졌다)

· テレビを見ました。それから勉強をしました。
(텔레비전을 보았습니다. 그리고 공부를 하였습니다)

· 一生懸命準備しました。それで優勝しました。
(열심히 준비하였습니다. 그래서 우승하였습니다)

· それでは、今日の授業はここまでにします。
(그러면, 오늘 수업은 여기까지 하겠습니다)

· それでは、本日はこの辺で失礼いたします。
(그러면, 오늘은 이쯤 해서 실례하겠습니다)

· それじゃ、また会おうね。 (그럼, 또 보자!)

· 私は頭はあまりよくありません。それでも誰より真面目(まじめ)です。
(저는 머리는 별로 좋지 않습니다. 그래도 누구보다 성실합니다)

それとも (그렇지 않으면)	それなのに (그런데도)
それに (게다가, 더욱이)	それにしても (그렇다 하더라도)
だから (그러니까, 그래서)	ただ (단, 다만)
ただし (단, 다만)	だって (하지만, 그런데)
たとえば (예를 들면)	では, じゃ (그럼)

· お風呂(ふろ)にしますか。それともご飯にしますか。
(목욕 먼저 할래요? 아니면 밥 먼저 먹을래요?)

・お金は十分稼(かせ)いでいます。それなのに、あまりお金を使いません。
(돈은 충분히 벌고 있습니다. 그런데도, 별로 돈을 쓰지 않습니다)

・疲れた。それに、お腹もすいた。 (피곤하다. 게다가 배도 고프다)

・それにしても、暑すぎますね。 (그렇다 하더라도, 너무 덥네요)

・彼は勉強をしませんでした。だから、よい点数が取れませんでした。
(그는 공부를 안했습니다. 그래서 좋은 점수를 못 받았습니다)

・あの店はおいしい。ただ、ちょっと高い。
(저 가게는 맛있다. 단, 좀 비싸다)

・入場料は1000円です。ただし、中高生(ちゅうこうせい)は800円です。
(입장료는 1000엔입니다. 단, 중고생은 800엔입니다)

・どうして買わないの? だって、お金が足りないもん。
(왜 안 사니? 그게, 돈이 부족한 걸)

・たとえば、日本酒、ウィスキー、焼酎などがあります。
(예를 들면, 일본주, 위스키, 소주 등이 있습니다)

・では、今日も楽しく始めましょう。 (그럼, 오늘도 즐겁게 시작합시다)

・じゃ、またね。 (그럼, 또 봐!)

でも (하지만, 그래도)	ところが (그런데, 그러나)
ところで (그런데, 그것은 그렇고)	なお (또한, 덧붙여 말하면)
なぜなら (왜냐하면)	また (또, 다시)
または (또는, 혹은)	もしくは (혹은, 또는)

※ 「ところが」와 「ところで」는 둘 다 「그런데」로 번역이 되는데 둘 사이에는 기능의 차이가 있다. 「ところが」는 역접을 나타내는 접속사로 앞의 문장과는 반대되는 내용을 서술할 때 사용한다. 반면에 「ところで」의 경우는 역접이 아니라 어떤 얘기를 하다가 화제를 바꿔서 말하고자 할 때 사용하는 접속사이다.

・行ったことは行ったんですよ。でも、彼女はいなかったんです。
(가긴 갔어요. 하지만, 그녀는 없었어요)

・彼は能力はある。ところが、努力をしない。
(그는 능력은 있다. 그런데, 노력을 하지 않는다)

・彼女も合コンに来ると言ってました。ところが、結局(けっきょく)来なかったです。
(그녀도 미팅에 온다고 했어요. 그러나 결국 오지 않았어요)

・いい天気ですね。ところで、仕事はうまくいってますか。
(날씨 좋네요. 그건 그렇고, 일은 잘되고 있나요?)

・ところで、今日のランチは何がいいかな。
(그런데, 오늘 점심은 뭐가 좋을라나?)

・なお、詳細(しょうさい)は後日(ごじつ)ご連絡いたします。
(또한, 상세한 것은 다음에 연락드리겠습니다)

・僕はあいつが嫌いだ。なぜなら、教養がないからだ。
(나는 저 녀석이 싫다. 왜냐하면, 교양이 없기 때문이다)

・また同じことを言ってますね。 (또 같은 것을 말하고 있군요)

・明日は曇(くも)りまたは雨でしょう。 (내일은 흐림 또는 비가 오겠습니다)

・部長または課長に相談してください。 (부장님 혹은 과장님께 의논해 보세요)

・田中君もしくは佐藤君に行かせた方がいいと思われます。
(다나카군 혹은 사토군에게 가게 하는 것이 좋다고 생각됩니다)

9-2 감동사

자주 쓰이는 감동사를 정리하도록 한다. 단어에 따라서는 부사로서의 기능과 감동사로서의 기능을 동시에 갖는 용어도 있다. 예를 들면, 「なるほど」의 경우 「과연, 정말」이라는 뜻의 부사로도 사용되고, 「아무렴, 그렇고 말고」와 같은 감동사의 역할도 한다.

감동사는 감동이나 감탄을 나타내는 표현이므로 번역은 분위기를 살려서 적절하게 하면 된다. 글로 쓰면 똑같은 표현이더라도 감정을 실어서 구두로 표현하면 뉘앙스가 확연히 달라질 수 있는 것이 감동사의 특징이다.

あ (아)	ああ (아아)
あのう (저어)	あのね (있잖아)
あら (어머)	あらまあ (어머 이런)
あらら (어머머)	あれ (어, 아니, 어머나, 저런)
いいえ (아니오)	いえ (아뇨)

※ 부정을 나타내는 응답사는 「いいえ」가 대표적이고 가장 공손하다. 「いえ」는 약간 덜 공손하며 「いや」는 격의 없는 사이에서 쓸 수 있다. 친구사이와 같은 관계에서는 「ううん」도 많이 사용된다.

- あ、宝くじに当たっちゃった。どうしよう。
  (아, 복권에 당첨돼 버렸네. 어떡하지?)
- ああ、そうですか。分かりました。 (아아, 그렇습니까? 알겠습니다)
- あのう、一つ質問がありますが、よろしいでしょうか。
  (저어, 한 가지 질문이 있는데요, 괜찮겠습니까?)
- あのね、今日幸子ちゃんに会ったんだけどね、綺麗になってた。
  (있잖아, 오늘 사치코를 만났는데 말이지, 예뻐졌더라)

・あら、こんなところにいたの？（어머, 이런 곳에 있었어?)

・あらまあ、どこでこんなのを買ったの?
(어머 이런, 어디에서 이런 걸 산 거야?)

・あらら、そんなことしちゃいけませんわ。（어머머, 그런 거 하면 안돼요)

・あれ？　ぼくの電子辞書はどこに行っちゃったんだろう。
(아니, 내 전자사전이 어디 갔지?)

・いいえ、そうとは限りません。（아니오, 그렇다고는 한정할 수 없습니다)

・いいえ、そんなくだらない会議には参加したくありません。
(아니오, 그런 쓸모없는 회의에는 참가하고 싶지 않습니다)

・いえ、それはちょっと違うと思いますけど。
(아뇨, 그건 좀 다르다고 생각하는데요)

・いえ、僕はそうは思いません。（아뇨, 저는 그렇게는 생각하지 않습니다)

いや（아니）	ううん（아니）
うん（응, 그래）	え（예, 네）
ええ（네）	おい（어이）
おや（어라）	キャー（캬아）
さあ（자아）	ちょっと（잠깐만）

※ 긍정을 나타내는 응답사는 「はい」가 가장 정중하여 일상생활에서 일반적으로 쓰인다. 격의 없는 관계에서는 「ええ」를 쓸 수도 있고, 친구사이에서는 「うん」도 많이 쓰인다. 매우 격식 있는 장면에서의 남성적인 용어로 「は」를 사용하는 경우도 있다.

・いや、それは違うんじゃないかな。（아니, 그건 다르지 않을까?)

・いや、必ずしもそうとは限らないんじゃないのかな。
(아니, 반드시 그렇다고는 한정할 수 없는 것이 아닐까?)

・ううん、それは違うよ。 (아니, 그건 다르지)

・ううん、僕はやってないよ。 (아냐, 내가 안했어)

・うん、そうだね。 (응, 그렇네)

・うん、分かった。明日までにやっておくね。(그래 알았어, 내일까지 해 둘게)

・え、分かりました。 (네, 알겠습니다)

・え? 今何と言いましたか。 (예? 지금 뭐라고 했어요?)

・ええ、毎週日曜日に山登りをしています。
(네, 매주 일요일에 등산을 하고 있습니다)

・おい、ちょっと待ってくれ。 (어이, 좀 기다려 줘)

・おや、君か、久しぶりだな。 (어라, 자넨가, 오래간만이군)

・キャー、びっくりした。蛇だと思った。 (캬아! 놀래라. 뱀인 줄 알았네)

・さあ、ゆっくり発音してごらん。 (자아, 천천히 발음해 보렴)

・ちょっと! そこにゴミを捨てないでよ。
(잠깐, 거기에 쓰레기를 버리지 말아요)

なるほど (아무렴, 그렇고말고)	ねえ (저기요)
はい (예)	ひゃー (하아)
へえ (오오, 허어, 허참)	ほう (그래, 호오)
ほら (이봐, 저 봐, 자)	まあ (어머, 어머나)
もしもし (여보세요)	やあ (이야)

・ああ、なるほど、よく分かりました。(아 그렇군요, 잘 알았습니다)

・ねえ、今度の休みにはどこかへ行きましょうよ。
(저기요, 이번 휴가 때는 어딘가 갑시다, 응?)

- は、かしこまりました。(예, 알겠습니다)
- はい、土曜日にも学校へ行きます。(예, 토요일에도 학교에 갑니다)
- ひゃー、何なんですか、これは。(햐아, 뭐예요, 이건)
- へえ、それはほんとの話ですか。(허어, 그건 진짜 얘기예요?)
- ほう、なるほど、そういうことだったのか。(호오, 그렇군, 그런 것이로군)
- ほら、もうすぐゴールだよ。もう少しがんばろう。
(저 봐, 이제 곧 목표지점이야. 조금만 더 힘내자!)
- まあ、きれいなこと！(어머! 곱기도 해라)
- もしもし、夜遅くすみませんが、近藤さんお願いできますか。
(여보세요, 밤늦게 미안합니다만, 곤도씨 부탁할 수 있습니까?)
- やあ、しばらくだね、元気だった?(야, 오랜만이군, 잘 있었어?)

제10장 경어

경어(敬語)는 품사로 분류되는 것은 아니지만, 일본어를 구사하는데 있어서 필수적인 요소이므로 같이 살펴보도록 한다. 경어란, 어떤 표현을 할 때에 표현주체가 대화를 구성하는 3요소인 화자와 청자 및 화제의 인물 간의 상대적 상하관계 또는 사회적 친소관계 등을 고려하여, 경의를 나타내는 언어형식을 사용하여 그 관계자를 대우하는 표현을 말한다. 말하자면, 어떤 사람을 높여서 표현하거나, 자기를 낮추어서 표현하는 경우, 또는 듣는 사람에게 공손하게 표현하는 등의 일련의 언어표현 형식을 일컫는다.

경어는 몇 가지의 하위개념으로 나뉜다. 여러 가지의 분류법이 있지만, 여기에서는 가장 기본적으로 일본 정부가 공표한 다섯 종류로 나누어서 살펴보기로 한다. 그 다섯 종류는 「존경어」 「겸양어1」 「겸양어2(정중어)」 「공손어」 「미화어」이다.

또한, 각각의 경어는 크게 두 가지 패턴으로 나눌 수가 있다. 하나는 단어 자체가 경어인 「특정형」이고, 또 하나는 경어를 구성하는 성분을 사용하여 표현하는 「일반형」이다.

10-1 존경어

존경어(尊敬語)는 화자가 화제의 인물이나 청자를 높여서 대우하는 경어이다. 경어는 체언과 용언으로 나누어서 생각할 수가 있는데, 체언보다는 용언이 복잡한 체계를 갖고 있으며, 존경어의 경우도 마찬가지이다.

먼저, 존경어로 사용되는 특정형의 동사에는 다음과 같은 것이 있다.

いらっしゃる (계시다, 가시다, 오시다)	おっしゃる (말씀하시다)
なさる (하시다)	召し上がる (잡수시다, 드시다)
くださる (주시다)	ご覧になる (보시다)
お越しになる (가시다, 오시다)	見える, お見えになる (오시다)
お出でになる (계시다, 가시다, 오시다)	

※ 「ご覧になる」「お越しになる」「お出でになる」는 일반형을 만드는 경어성분 「お～になる」「ご～になる」의 첨가에 의한 것이지만, 실질적으로 한 단어로 고정화되어 있기 때문에 특정형으로 간주한다. 「お見えになる」는 「見える」에서 이중경어화된 것인데 허용되고 있는 표현이다.

· 先生は明日日本に<u>いらっしゃる</u>そうです。
(선생님은 내일 일본에 가신다고 합니다)

· あちらに<u>いらっしゃる</u>方は取引先(とりひきさき)の社長です。
(저쪽에 계신 분은 거래처의 사장님입니다)

· 次回もぜひ<u>いらっしゃっ</u>てください。 (다음번에도 꼭 오시기 바랍니다)

· 先生が授業で<u>おっしゃっ</u>たことを忘れてしまいました。
(선생님이 수업에서 말씀하신 것을 잊어버렸습니다)

· 無理は<u>なさら</u>ない方がいいと思います。
(무리는 하시지 않는 것이 좋다고 생각합니다)

· 昨日の晩餐会(ばんさんかい)では何を召し上がりましたか。
(어제의 만찬회에서는 무엇을 드셨습니까?)

· これは友だちのお母さんがくださった物です。
(이것은 친구의 어머님이 주신 것입니다)

· 学生たちの学芸会(がくげいかい)をご覧になりましたか。 (학생들의 학예회를 보셨습니까?)

· 講演会場に直接お越しになってください。 (강연회장에 직접 오시기 바랍니다)

· 会長がお見えになりました。 (회장님이 오셨습니다)

· 社長がお出でになりました。 (사장님이 오셨습니다)

동사에 적용하는 일반형의 존경성분에는 다음과 같은 것이 있다. 높임말의 의미를 살려 적절하게 번역하도록 한다.

お～になる・ご～になる	れる・られる
お～です・ご～です	お～くださる・ご～くださる
～てくださる	～ていらっしゃる

※ 「お～ください, ご～ください」와 「～てください」는 둘 다 「～해 주세요」로 번역이 되지만, 「～てください」보다 「お～ください, ご～ください」가 한 단계 높은 경어성분이다. 「話してください」와 「お話ください」를 비교해 보면, 전자는 「です, ます」와 동위의 단순한 공손표현이고, 후자는 존경어로서의 기능과 공손어로서의 기능이 다 갖춰진 경어표현이다.

· 先生はもう原稿をお書きになりましたか。 (선생님은 벌써 원고를 쓰셨습니까?)

· 何時ごろご出発になる予定ですか。 (몇 시경에 출발하실 예정입니까?)

· 先生は今回のパーティーに参加されるんですか。
(선생님은 이번 파티에 참가하십니까?)

· 明日は何時ごろ起きられますか。 (내일은 몇 시쯤에 일어나실 겁니까?)

・この問題について先生はどうお考えですか。
(이 문제에 대해 선생님은 어떻게 생각하십니까?)

・明日は何時ごろのご出発でしょうか。 (내일은 몇 시쯤에 출발하십니까?)

・暇な時にお電話ください。 (시간 날 때 전화해 주세요)

・いらっしゃる前に電話でご連絡ください。
(오시기 전에 전화로 연락해 주세요)

・先生は学生に特別な配慮をしてくださいました。
(선생님은 학생에게 특별한 배려를 해주셨습니다)

・今説明していらっしゃるのは方程式(ほうていしき)ですか。
(지금 설명하고 계신 것은 방정식입니까?)

・最近は何を飲んでいらっしゃるんですか。
(요즘에는 무엇을 마시고 계십니까?)

い형용사와 な형용사는 일반형의 접두사 「お」 또는 「ご」를 첨가하여 존경어를 만든다.

・思ったよりお若い方ですね。 (생각보다 젊으신 분이네요)

・あの方は本当にお美しいですね。 (저 분은 정말로 아름다우시네요)

・お元気でしたか。 (잘 지내셨습니까?)

・日本語がお上手ですね。 (일본어를 잘하시네요)

・ご親切にしてくださって、どうもありがとうございました。
(친절하게 해주셔서 대단히 감사합니다)

・ごもっともなご意見でございます。 (지당하신 의견이십니다)

체언의 경우는 존경을 나타내는 접두사와 접미사를 사용한다. 접두사는 주로 「お」「ご」를 사용한다. 「お」는 고유일본어에 붙는 경향이 있고, 「ご」는 한자어에 붙는 경향이 있지만 반드시 그렇지는 않다. 「お」「ご」의 첨가에 의한 존경어는 「お名前・お体・お宅・ご意志・ご住所・ご職業」 등 얼

마든지 만들 수 있다. 단, 한국어로 번역이 되지 않는 경우가 많으니 일본어의 어감을 이해할 수 있도록 한다.

◉「お」

· お名前を教えてください。 (성함을 가르쳐 주세요)

· お体を大事になさってください。 (몸을 소중히 하시기 바랍니다)

· 田中さんはお宅にいらっしゃいますでしょうか。 (다나카씨는 댁에 계시는지요?)

· あなた自信のお考えを聞かせてください。
(당신 자신의 생각을 들려주시기 바랍니다)

· お電話番号を教えていただけますでしょうか。
(전화번호를 가르쳐주실 수 있으신지요?)

◉「ご」

· その集(つど)いに参加するご意志はあるんですか。
(그 모임에 참가할 의사는 있으십니까?)

· こちらにご住所をお書きください。 (여기에 주소를 써 주십시오)

· ご職業をお聞きしてもよろしいでしょうか。 (직업을 여쭤 봐도 되겠습니까?)

· またのご連絡をお待ちしております。 (또 연락주시기를 기다리고 있습니다)

· ご家族のみなさんによろしくお伝えください。
(가족 여러분에게 안부 전해주시기 바랍니다)

명사에 접미사로 사용되는 존경성분은「さん」「様」가 대표적이다.

· 安部(あべ)さんは何を考えているんでしょうね。
(아베씨는 무엇을 생각하고 있을까요?)

· お客様、ご注文の品(しな)が届きました。
(손님, 주문하신 물품이 도착하였습니다)

부사의 경우에도 「ごゆっくり」 「ごゆるり」처럼 존경접두사가 첨가되는 경우가 있다.

· どうぞごゆっくりご覧になってください。 (아무쪼록 천천히 보시기 바랍니다)

· 本日はごゆるりとお過ごしくださいませ。(오늘은 느긋하게 지내시기 바랍니다)

10-2 겸양어1

겸양어(謙讓語)는 주어를 낮춤으로 인해 상대적으로 화제의 인물이나 청자를 높여서 대우하는 경어법을 말한다. 즉, 화자나 화자측 인물을 낮추어서 표현함으로 인해 상대적으로 그 표현의 수용자를 대우하는 경어가 겸양어이다.

겸양어에는 화제의 인물에 대한 배려뿐만이 아니라 청자에 대한 배려를 위해 사용되는 부류가 따로 있다. 겸양어에 의해 대우되는 수용자가 화제의 인물인 겸양어1과 청자인 겸양어2라는 두 종류로 크게 나눌 수 있는 것이다.

겸양어1은 행위자의 행위를 낮춤으로 인해, 그 행위의 수용자인 화제의 인물을 높이는 겸양어이다. 겸양어1로 사용되는 특정형의 동사에는 다음과 같은 것이 있다. 한국어에는 겸양어가 발달되어 있지 않아 각각을 번역할 수 없는 경우도 많은데, 겸양의 의미로 사용된다는 점을 이해할 수 있도록 한다.

申し上げる（말씀드리다）	いただく(받다)
差し上げる（드리다）	うかがう（여쭙다, 찾아뵙다）
存じ上げる（알다）	拝見する（보다）
承る（うけたまわる：받다, 듣다）	お目にかかる（만나 뵙다）
お目にかける（보여드리다）	ご覧に入れる（보여드리다）

· 申し上げたいことがございますが。（말씀드리고 싶은 것이 있는데요）

· 私は先生に本をいただきました。（저는 선생님에게 책을 받았습니다）

· 社長の誕生日祝いにプレゼントを差し上げました。
（사장님 생신 축하의 뜻으로 선물을 드렸습니다）

· 明日お宅にうかがってもよろしいでしょうか。
（내일 댁으로 찾아봬도 되겠습니까?）

· お名前は存じ上げております。（존함은 알고 있습니다）

· 先生の作品を拝見したいと思います。（선생님의 작품을 보고 싶습니다）

· ご意見を承りたいと存じます。（의견을 듣고 싶다고 생각합니다）

· またお目にかかる日を楽しみにしております。
（또 만나 뵐 날을 기대하고 있습니다）

· 旅行先でとった写真をお目にかけましょうか。
（여행 간 곳에서 찍은 사진을 보여드릴까요?）

· ご覧に入れたいワインが手に入りました。
（보여드리고 싶은 와인이 입수되었습니다）

동사의 겸양어1로 기능하는 일반형의 겸양성분에는 아래와 같은 것이 있다. 이와 같은 겸양성분에는 동사의 연용형 또는 「する動詞」의 어간상당 부분이 적용된다. 번역이 되지 않더라도 겸양어로서의 일본어적인 감각을 익힐 수 있도록 한다.

お～する・ご～する	お～申し上げる・ご～申し上げる
お～いただく・ご～いただく	お～ねがう・ご～ねがう
お～にあずかる・ご～にあずかる	～てさしあげる
～ていただく	～せていただく・～させていただく

・先ほどもお話ししましたように、これは非常に重要な問題です。
(아까도 말씀드린 바와 같이 이것은 매우 중요한 문제입니다)

・私が先生を宴会場(えんかいじょう)までご案内しました。
(제가 선생님을 연회장까지 안내해 드렸습니다)

・なにとぞ宜(よろ)しくお願い申し上げます。(부디 잘 부탁드립니다)

・後日こちらからご連絡申し上げます。(나중에 이쪽에서 연락드리겠습니다)

・ちょっとお聞きいただきたいことがございます。
(좀 들어주셨으면 하는 것이 있습니다)

・部長には是非(ぜひ)ともご出席いただきたいと存じます。
(부장님께는 꼭 출석해 주십사하고 생각합니다)

・前向きにご判断ねがいたいと思います。
(긍정적으로 판단해 주셨으면 합니다)

・ただいまご紹介にあずかりました三浦(みうら)でございます。
(지금 소개받은 미우라라고 합니다)

・私は荷物を社長のご自宅まで送ってさしあげました。
(저는 짐을 사장님의 자택까지 보내드렸습니다)

・推薦書(すいせんしょ)を書いていただきたいですが。(추천서를 써주셨으면 합니다만)

・一つだけ質問させていただきたいと思います。
(한 가지만 질문하도록 해주시기 바랍니다)

이상의 겸양어1은 화자가 행위자와 그 행위의 수용자와의 관계를 고려하여, 그 행위를 받는 자를 높이는 기능을 갖고 있다. 따라서 겸양어1이 겸양어 본래의 기능을 충실하게 수행하고 있다고 할 수 있다. 「お・ご~いたす」와 「かしこまる」는 겸양어1과 겸양어2의 성질을 동시에 갖고 있는데, 겸양어2의 성질이 더 강하게 전달된다.

겸양어1로 기능하는 체언의 겸양어는 접두사 「お」「ご」의 첨가에 의해 만들어진다. 「お」「ご」의 첨가에 의한 겸양어1의 예로는 다음과 같은 것이 있다. 단, 이들은 전후 상황에 따라 존경어나 미화어로 기능하는 경우도 있으니 문맥과 내용을 보고 그 기능을 판단한다.

お話・お電話・お手紙・お詫び・お祝い・お見舞い・お礼・お手伝い・ お知らせ・お答え・お勧め・お力・お願い・お邪魔・お返事 ご報告・ご返事・ご案内・ご挨拶・ご相談・ご招待・ご連絡・ご紹介

- 失礼ですが、今夜遅くお電話を差し上げてもよろしいでしょうか。
  (실례입니다만, 오늘밤 늦게 전화를 드려도 괜찮을까요?)
- 私は先日、留学の時の先生にお手紙を差し上げました。
  (저는 일전에 유학 시절의 선생님께 편지를 드렸습니다)
- これはお勧めの商品でございます。 (이것은 추천 드리는 상품입니다)
- 出張の結果についてご報告をいたしたいと思います。
  (출장의 결과에 대하여 보고를 드리고자 합니다)
- せっかくご指名をいただきましたので、一言ご挨拶を申し上げます。
  (모처럼 지명을 받았으므로 한마디 인사말씀을 드리겠습니다)

이와 같은 예에 있어서의 「お手紙・お勧め・ご報告」의 행위를 하는 주체는 화자이지만, 여기에서의 「お・ご」는 그 행위의 수용자를 배려하기 위하여 사용된 것이다. 이와 같이 접두사 「お・ご」에 의한 용어가 겸양어

로 기능하기 위해서는 반드시 그 표현의 수용자를 전제로 한다. 따라서 위의 각 표현은 행위의 수용자에 대한 배려로 사용될 경우에 한하여 겸양어로 기능하는 것이다.

10-3 겸양어2(정중어)

겸양어2(정중어)는 행위자를 낮춤으로 인해 상대적으로 소재의 인물이 아닌 청자를 높이는 겸양어이다. 괄호 안에 있는 「정중어」는 원래는 낮추는 행위자 없이 오로지 청자에게 겸양을 나타낼 때의 용법인데, 「겸양어2」와 같은 뜻으로 사용할 수 있게 되어 있다.

예를 들어 「私は明日日本へ参ります。(저는 내일 일본에 갑니다)」라는 표현에서 「参る」는 동작주인 「私」를 낮추며, 동시에 청자를 높여서 대우하는 기능을 갖고 있다. 마찬가지로 「それは私がいたします。(그것은 제가 하겠습니다)」를 보더라도 「いたす」는 동작주인 「私」를 낮추며, 동시에 청자를 높여서 대우하고 있다. 이처럼 겸양어2(정중어)는 듣는 사람에게 경의를 표한다는 데에 포인트가 있다.

겸양어2(정중어)로 기능하는 동사의 특정형에는 다음과 같은 것이 있다.

申す (言うの 겸양어)	参る (行く, 来るの 겸양어)
存じる, 存ずる (知るの 겸양어)	いたす (するの 겸양어)
おる (いるの 겸양어)	かしこまる (分かるの 겸양어)

・私は橋本(はしもと)と申します。（저는 하시모토라고 합니다）

・母もぜひお目にかかりたいと申しております。
（어머니도 꼭 만나 뵙고 싶다고 얘기하고 있습니다）

・そのことについては私は何も存じません。
（그 건에 대해서는 저는 아무것도 모릅니다）

・後片付(あとかたづ)けでしたら、私がいたしますよ。（뒷정리라면 제가 하겠습니다）

・叔父(おじ)は今大阪におります。（숙부는 지금 오사카에 있습니다）

・日曜日なら家におります。（일요일이라면 집에 있습니다）

・かしこまりました。少々(しょうしょう)お待ちください。
（알겠습니다. 잠시만 기다려 주십시오）

동사에 사용하는 겸양어2(정중어)로서의 일반형 구문에는 다음과 같은 것이 있다.

～ておる	～てまいる
お～いたす・ご～いたす	～いたす

・私は既(すで)に会場に着いております。（저는 벌써 회장에 도착해 있습니다）

・北海道へは今度の週末に行ってまいります。
（홋카이도에는 이번 주말에 다녀오겠습니다）

・今後ともよろしくお願いいたします。（앞으로도 잘 부탁드립니다）

・会社からのお知らせをご案内いたします。
（회사로부터의 연락을 안내해 드리겠습니다）

・私もそのフォーラムに参加いたします。（저도 그 포럼에 참가하겠습니다）

이와 같이 겸양어2는 행위자를 낮추고 청자를 높여서 대우하는 겸양어이기 때문에 일반적으로 문말에 쓰이며, 항상 「ます」와 더불어 쓰인다는 특징을 갖고 있다. 따라서 「ます」가 없을 경우에는 일반적으로 문이 성립되지 않는다. 겸양어2는 청자를 대우하는 겸양어인데, 청자를 대우하는 가장 기본적인 경어인 「ます」가 없어서는 안 되기 때문이다.

겸양어2로 기능하는 체언에는 다음과 같은 것이 있다.

私（わたし, わたくし, 저）	てまえ（저）
父（お父さん의 겸양어）	母（お母さん의 겸양어）
愚息（息子의 겸양어）	粗品（品物의 겸양어）
拙稿（原稿의 겸양어）	弊社（会社의 겸양어）

※ 「手前(てまえ)」는 1인칭으로 쓸 때는 「저」에 해당하는 겸양어가 되는데, 2인칭으로 쓰면 하대하여 「너」에 해당하는 말이 되므로 주의한다.

· (1인칭) <u>てまえ</u>にやらせてください。 (저에게 하게 해주십시오)

· (2인칭) <u>てまえ</u>なんか知らなくてもいいよ。 (너 같은 건 몰라도 돼)

위와 같은 용어가 겸양어2로 기능하는 전형적인 예는 겸양자칭대명사 「私」에서 확인할 수 있다. 예를 들면, 「わたくしは先生にお手紙を<u>差し上げました</u>」라는 문장에 있어서 「わたくし」를 사용하고 있는 것은, 소재의 인물인 「先生」가 경의를 나타내야만 하는 인물이기 때문이 아니라, 청자를 고려해서 사용된 것이다. 보통 「わたくし」라는 말을 듣는 순간에 문말에 「です・ます」가 연상되는 것도 「わたくし」가 청자를 배려하고 있다는 것을 알 수 있다. 이 문장에서 화제의 인물에 대한 경어는 「お手紙・差し上げる」이고, 청자에 대한 경어는 「わたくし・ます」이다.

한 가지 주의할 점이 있다. 한국어는 자기의 부모를 가리켜 남에게 말할 때 「어머님, 아버님」으로 표현할 수가 있는데, 일본어는 자기의 가족을 남에게 높여서 말하지 않는다는 것을 이해해 두도록 한다.

・おかげさまでわたくしは元気にやっております。
(덕분에 저는 건강하게 지내고 있습니다)

・手前に申し付けてください。(저에게 분부해 주십시오)

・父はただいま外出しております。 (아버지는 지금 외출 중입니다)

・母も仕事をしております。 (어머니도 일을 하고 있습니다)

・愚息ももう高校生(こうこうせい)になりました。 (아들 녀석도 이제 고등학생이 되었습니다)

・参加された方には粗品を差し上げる予定です。
(참가하신 분에게는 간단한 선물을 드릴 예정입니다)

・拙稿ができあがりましたので、お送りいたします。
(졸고가 완성되었기 때문에 송부하겠습니다)

・弊社にお越しの際は前もってご連絡をお願い致します。
(저희 회사에 오실 때에는 미리 연락 주시기를 부탁드립니다)

겸양어2를 정중어(丁重語)라고도 하지만, 정중어 본래의 기능을 살펴보도록 하자. 정중어는 겸양어2의 특수한 기능이라고 할 수 있다. 즉, 위에서 살펴본 용언의 겸양어2가, 행위자가 낮추어야 할 특정인물로 지정되는 것이 아니라, 자연현상 등을 나타내는 경우의 용법이 정중어로서의 용법이다. 겸양어2는 특정한 인물이 행위자가 되는데 반해, 정중어는 행위자가 불특정다수이거나 제삼자, 혹은 인간이 아닐 때 사용하는 것이 원래는 맞는 것이다. 다시 말하면, 정중어는 화자가 오로지 청자에 대한 정중함만을 위해 사용되는 경어이다.

・まもなく名古屋(なごや)行きの電車がまいります。
(곧 나고야행 전철이 들어오겠습니다)

・ロンドンオリンピックには200の国から選手団が参加いたしました。
(런던올림픽에는 200개의 국가로부터 선수단이 참가하였습니다)

· 天気がだんだん暖かくなってきております。
(날씨가 점점 따뜻해지고 있습니다)

겸양어2(정중어)는 원칙적으로 문말에 나타나지만 다음과 같이 문중에서 「ます」를 동반하여 연체수식형 등으로 사용되는 경우도 적지 않다.

· 先ほどもうしました件に関しまして何かご意見ありますでしょうか。
(아까 말씀드린 건에 관하여 뭔가 의견이 있으실까요?)

· このように暖かくなってまいりますと、もうすぐ桜が咲きますね。
(이렇게 따뜻해져 오면 곧 벚꽃이 피겠네요)

동사 이외에도 정중어로 기능하는 용어를 찾아볼 수 있다. 격식 차린 자리에서 말을 할 때, 일상생활에 있어서의 일반적인 표현을 사용하지 않고, 다음과 같이, 같은 뜻의 다른 용어를 사용하는 경우가 있는데, 이와 같은 용어도 정중어라고 할 수 있다. 이것은 한자어에 의한 표현이 고유어에 의한 표현보다 정중하다고 인식되어 있다는 것을 나타내는 것이기도 하다.

一昨日(いっさくじつ), 昨日(さくじつ), 昨夜(さくや), 本日(ほんじつ), 今日(こんにち), 明日(みょうにち), 明朝(みょうちょう), 明晩(みょうばん), 明後日(みょうごにち)

· 北海道地方は昨夜から雪が降っております。
(홋카이도지방은 어젯밤부터 눈이 내리고 있습니다)

· 本日はわざわざ来ていただきまして、ありがとうございます。
(오늘은 일부러 와주셔서 감사합니다)

· それでは明晩またお目にかかります。
(그럼 내일 밤 다시 만나 뵙겠습니다)

또한, 장소를 나타내는 말과 방향을 나타내는 말을 비교해 보면, 방향을 나타내는 말이 더 정중하다고 인식되어 있다. 즉, 「ここ」「そこ」「あそこ」「どこ」에 비하여 「こちら」「そちら」「あちら」「どちら」가 더 정중한 표현인 것이다. 이것은 장소를 지정하기보다 방향을 나타냄으로 인한 일종의 완곡한 표현이라고 할 수 있다. 「どう」에 대한 「いかが」, 「どれほど」에 대한 「いかほど」 등도 후자가 정중한 표현으로 인식되어 있다.

· そちらはどなたでしょうか。 (그쪽 분은 누구신가요?)

· 最近いかがお過ごしでしょうか。 (요즈음 어떻게 지내십니까?)

· お代(だい)はいかほどになりますか。 (값은 얼마가 되겠습니까?)

10-4 공손어

공손어(丁寧語)란 화자가 오로지 청자만을 배려하여 그 청자를 직접 높여서 공손하게 대우하는 경어이다. 여기에서는 문법적으로나 의미적으로나 화제의 인물이나 내용과는 일체 상관이 없다. 따라서 화제가 무엇이든 관계없이 쓰인다. 무생물일 경우도 마찬가지이다. 「丁寧語」를 「정중어」로 번역하는 경우도 있으나 겸양어2에도 정중어가 있기 때문에 구분하기 위해 여기에서는 「공손어」를 사용하기로 한다.

공손어는 「です」「ます」가 대표적이다. 「です(~입니다)」는 명사뿐만 아니라 형용사에도 사용한다. 「ます(~습니다)」는 동사에 사용한다. 그런데

이것은 앞에서부터 줄곧 써오고 있는 것이므로 충분히 이해하고 있을 것이다. 상대방에 대한 공손한 태도를 보여주는 가장 기본적인 용어이므로 사용하지 않을 수가 없는 것이다. 공손어는 오로지 청자에 대한 배려를 나타내는 말로, 화자가 청자와의 사회생활에 있어서의 원만한 관계를 유지하기 위하여 청자를 공손하게 대우하는 표현형식이기 때문이다.

【です】 ~입니다

· これは私の本です。 (이것은 제 책입니다)

· 韓国の冬は寒いです。 (한국의 겨울은 춥습니다)

· この辺は静かですね。 (이 부근은 조용하군요)

【ます】 ~습니다

· 明日はピクニックに行きます。 (내일은 피크닉을 갑니다)

· 暑いときはシャワーを浴びます。 (더울 때는 샤워를 합니다)

· 私は毎朝パンを食べます。 (저는 매일 아침 빵을 먹습니다)

· あなたが何と言おうと、明日もまた来ます。
(당신이 뭐라고 하든 내일도 또 오겠습니다)

· 今から練習をします。みんな集まってください。
(지금부터 연습을 하겠습니다. 모두 모이세요)

이와 같이 주로 문말에 쓰이는 「です」「ます」는 상대방에 대하여 공손하게 말을 함으로 인해 그 청자에 대한 경의를 나타내는 것으로, 오로지 청자에 대한 직접적인 경의를 나타내기 위하여 사용되는 것이다. 즉, 「です」나 「ます」와 같은 공손어는 어떠한 화제의 인물에 대한 내용이더라도, 혹은 어떠한 주제에 관한 내용을 이야기하더라도, 그것과는 상관없이 청자에 대한 배려만 있으면 사용할 수가 있는 순수한 대자경어이다. 그것이,

화자이든 화자측 인물이든, 청자나 제삼자이든, 혹은 무생물이든 상관이 없는 것이다.

- あいつは本当に悪いやつです。 (저 녀석은 진짜 나쁜 녀석입니다)
- あのばかたれは今どこで何をしているんでしょうか。
  (그 멍청이는 지금 어디서 무엇을 하고 있을까요?)
- 母はただいま外出しております。 (어머니는 마침 외출 중에 있습니다)
- 春雨(はるさめ)が降ってきましたね。 (봄비가 내리기 시작했네요)
- こんなに静かだと、夜は怖いかも知れませんね。
  (이렇게 조용하면 밤에는 무서울지도 모르겠네요)

청자를 특별히 공손하게 대우하고자 할 경우에는 「ございます・～てございます・～でございます」를 사용한다.

- ケースの中に説明書がございます。 (케이스 안에 설명서가 있습니다)
- 和食には寿司やさしみ、どんぶりなどがございます。
  (일식에는 초밥과 회, 덮밥 등이 있습니다)
- 私の報告書はそちらに置いてございます。
  (제 보고서는 그쪽에 놓아두었습니다)
- 右手に見えるのは姫路城(ひめじじょう)でございます。
  (오른 편에 보이는 것은 히메지성입니다)
- ここら辺は本当に静かでございますね。 (이 주변은 정말 조용하군요)

10-5 미화어

일본어의 경어에는 미화어(美化語)라고 불리는 범주가 있다. 미화어란 화자가 표현의 소재를 품위 있는 말로 미화하여 표현함으로써 화자자신의 언어적 품위를 지키기 위한 것이다. 그런데 그 언어적 품위를 지킨다는 것은 상대방에 대한 배려라고 볼 수 있기 때문에 미화어를 경어의 일종으로 간주하는 것이다. 예를 들면, 「飯(めし : 밥)」에 대한 「ご飯(ごはん)」이라든가, 「魚(さかな : 물고기)」에 대한 「お魚」와 같이 품위 있는 표현이나 말을 꾸미는 것을 말한다.

미화어도 특정형의 미화어와 일반형의 미화어로 나눌 수 있다. 특정형은 「食う(くう : 먹다)」에 대한 「食べる」처럼 단어 자체를 바꾸거나, 「飯」에 대한 「ご飯」처럼 접두사를 분리할 수 없거나 분리하면 의미가 바뀌거나 통하지 않게 되는 말을 가리킨다. 일반형의 미화어는 「魚」에 대한 「お魚」처럼 미화접두사를 단어의 본체로부터 분리할 수 있고, 그렇더라도 기본적인 의미에는 변화가 없는 단어를 말한다.

특정형의 미화어는 세 개의 타입으로 분류할 수가 있다.

① 별개의 단어를 사용하는 것

「寝る(자다)」에 대한 「やすむ」, 「うまい(맛있다)」에 대한 「おいしい」, 「やる(주다)」에 대한 「あげる」와 같이 품위 있는 다른 용어를 사용하는 미화어이다.

· 今日は何時頃お<u>休み</u>になりますか。 (오늘은 몇 시경에 주무십니까?)

· これはなかなか<u>おいしい</u>ですね。 (이것은 꽤 맛있네요)

· 子供たちに本を読んで<u>あげ</u>ましょう。 (아이들에게 책을 읽어줍시다)

② 접두사의 첨가에 의한 특정형

「お辞儀(じぎ)(인사) · お節(せち)(명절요리) · おでん(오뎅) · おむつ(기저귀) · ご飯(밥)」 등과 같이 접두사가 첨가되어 특정한 의미를 나타내게 된 미화어이다. 이들은 접두사를 제거하면 일반적으로 뜻이 통하지 않게 된다.

· 目上の人に会ったら、お辞儀をした方がいいですよ。
  (윗사람을 만나면 인사를 하는 것이 좋아요)

· 寒くなるとやっぱりおでんが食べたくなりますね。
  (추워지면 역시 오뎅을 먹고 싶어지지요)

· 私はふだん自分でご飯を作って食べます。
  (저는 평소에 스스로 밥을 지어서 먹습니다)

③ 접두사에 의해 의미의 전환이 이루어지는 미화어

「おかっぱ(단발머리) · おかげ(덕분) · おかず(반찬) · おなか(배) · おやつ(간식) · おにぎり(주먹밥)」 등과 같이 접두사를 붙임으로 인해 원래의 뜻에서 다른 뜻으로 의미가 전환된 미화어이다.

· 先生のおかげで日本語が上手になりました。
  (선생님 덕분에 일본어를 잘하게 되었습니다)

· ご飯を二杯も食べて、お腹がいっぱいになりました。
  (밥을 두 그릇이나 먹어서 배가 엄청 부릅니다)

· お八(や)つは団子(だんご)がいいですね。 (간식은 경단이 좋겠네요)

일반형의 미화어를 만드는 성분은 「お」가 대부분이다. 일반적으로 접두사 「お」는 고유어에 첨가되고, 한자어에는 「ご」가 첨가되기 쉬운데, 미화어의 경우에는 고유어 · 한자어를 불문하고 그 대부분이 「お」에 의하여 만들어지는 것이다. 한자어에 「ご」를 첨가하는 미화어는 예외적으로 존재할 뿐이다.

① 「お」＋고유어

：お箸(젓가락)・お鍋(냄비, 냄비 요리)・お魚(물고기)・おねぎ(파)・お花(꽃)・お猿(원숭이) 등

・お箸の使い方が上手ですね。 (젓가락 사용법이 능숙하군요)

・今夜はお鍋にしませんか。 (오늘밤은 냄비 요리로 하지 않을래요?)

・春になると、きれいなお花がいっぱい咲きます。
(봄이 되면 예쁜 꽃이 많이 핍니다)

② 「お」＋한자어

：お天気(날씨)・お布団(이불)・お茶碗(밥공기)・お大根(무)・お野菜(야채)・お勉強(공부) 등

・明日のお天気はどうなるのかしら。 (내일 날씨는 어떨지 모르겠네)

・私のお布団はフワフワなの。 (내 이불은 폭신폭신해)

・ほら、お野菜もちゃんと食べるのよ。 (이봐, 야채도 꼭 먹는 거야)

・お願いだから、お勉強の邪魔しないでね。 (부탁이니까 공부 방해하지마라)

③ 「ご」＋한자어

：ご褒美(포상)・ご本(책) 등

・ご褒美に何をあげようかな。 (포상으로 뭘 주지?)

・すてきなデザインのご本ですね。 (멋진 디자인의 책이네요)

「お」가 미화접두사로 쓰였는지 존경접두사로 쓰였는지는 전후 문맥에 따라서 판단해야 되는 경우가 있다. 예를 들면 다음의 각 a)는 미화접두사로 쓰인 것이고, 각 b)는 존경접두사로 쓰인 것이다.

(1) a) すごくお高い品でございますね。(굉장히 비싼 물건이군요)

b) あちらの背のお高い方はスポーツ選手のようですね。
(저쪽의 키가 크신 분은 스포츠선수인 것 같네요)

(2) a) そこはとてもお静かで、ゆっくり休める旅館(りょかん)でした。
(거기는 아주 조용해서 푹 쉴 수 있는 여관이었습니다)

b) あの方は上品で、お静かな方ですね。
(저분은 품위가 있고 조용하신 분이네요)

(3) a) おもしろいご本を読んであげるわね。(재미있는 책을 읽어줄게)

b) 著者の方から直接ご本を送っていただき、誠にありがとうございます。
(저자 분께서 직접 책을 보내주셔서 정말로 감사합니다)

미화어는 일본어에 특징적으로 발달되어 있는 표현양식이다. 또한, 고정되어 있는 용어 이외에는 남성보다는 여성이 주로 사용하는 표현이다. 외래어에는 잘 붙지 않는 경향이 있지만, 「おビール」「おソース」와 같은 것은 많이 사용되고 있다.

이상과 같이 일본어의 경어는 그 종류도 많고 속해 있는 용어나 성분도 매우 풍부하다. 어렵게 느껴질 수도 있겠지만 잘 이해를 하고 활용을 하게 되면 일본어의 수준이 한층 높아진다는 것을 느낄 수 있게 될 것이다. 한국어의 경어보다도 훨씬 복잡하게 발달되어 있고, 활용방법도 차이가 많다는 점을 이해할 필요가 있다.

【색인】

백동선 (白同善)

· 일본 나고야대학대학원문학연구과 일본언어문화전공
  석·박사과정 졸업, 문학박사
· 나고야한국학교, 나고야대학 교관 역임
· 현재 강원대학교 일본학과 교수

저서 및 논문

·『초급일본어』,『일본이 보이는 독해문』(2018, 신아사)
·「ドラマを通じてみた敬語の誤用分析」
  (2018,『日本文化研究』第67輯) 등

알기 쉬운 일본어문법

초판 1쇄 발행 _ 2019년 3월 5일
1 판 2쇄 발행 _ 2023년 2월 15일

저　자 · 백 동 선
발행인 · 정 현 걸
발　행 · 신 아 사
인　쇄 · 대명프린팅
주　소 · 서울특별시 은평구 통일로 59길 4 (2층)
전　화 · (02) 382-6411　팩스·(02) 382-6401
홈페이지 · www.shinasa.co.kr
E-mail · shinasa@daum.net
출판등록 · 1956년 1월 5일 (제 9-52호)

ISBN 978-89-8396-335-2 (93730)

정가 13,000원